中华人民共和国推荐性行业标准

多年冻土地区公路设计
与施工技术规范

Technical Specifications for Design and Construction
of Highway in Permafrost Area

JTG/T 3331-04—2023

主编单位：中交第一公路勘察设计研究院有限公司
批准部门：中华人民共和国交通运输部
实施日期：2023 年 07 月 01 日

人民交通出版社股份有限公司
北　京

律 师 声 明

本书所有文字、数据、图像、版式设计、插图等均受中华人民共和国宪法和著作权法保护。未经人民交通出版社股份有限公司同意，任何单位、组织、个人不得以任何方式对本作品进行全部或局部的复制、转载、出版或变相出版。

本书封面贴有配数字资源的正版图书二维码，扉页前加印有人民交通出版社股份有限公司专用防伪纸。任何侵犯本书权益的行为，人民交通出版社股份有限公司将依法追究其法律责任。

有奖举报电话：(010) 85285150

北京市星河律师事务所
2020 年 6 月 30 日

图书在版编目 (CIP) 数据

多年冻土地区公路设计与施工技术规范：JTG/T 3331-04—2023 / 中交第一公路勘察设计研究院有限公司主编. — 北京：人民交通出版社股份有限公司，2023.4
ISBN 978-7-114-18518-2

Ⅰ. ①多… Ⅱ. ①中… Ⅲ. ①多年冻土—冻土区—道路工程—设计规范—中国②多年冻土—冻土区—道路施工—技术规范—中国 Ⅳ. ①U419.92-65

中国版本图书馆 CIP 数据核字 (2022) 第 256227 号

标准类型：中华人民共和国推荐性行业标准
标准名称：多年冻土地区公路设计与施工技术规范
标准编号：JTG/T 3331-04—2023
主编单位：中交第一公路勘察设计研究院有限公司
责任编辑：李 沛
责任校对：赵媛媛
责任印制：张 凯
出版发行：人民交通出版社股份有限公司
地 址：(100011) 北京市朝阳区安定门外外馆斜街 3 号
网 址：http://www.ccpcl.com.cn
销售电话：(010) 59757973
总 经 销：人民交通出版社股份有限公司发行部
经 销：各地新华书店
印 刷：北京市密东印刷有限公司
开 本：880×1230 1/16
印 张：8
字 数：168 千
版 次：2023 年 4 月 第 1 版
印 次：2023 年 4 月 第 1 次印刷
书 号：ISBN 978-7-114-18518-2
定 价：80.00 元
(有印刷、装订质量问题的图书，由本公司负责调换)

中华人民共和国交通运输部

公 告

第 15 号

交通运输部关于发布《多年冻土地区公路设计与施工技术规范》的公告

现发布《多年冻土地区公路设计与施工技术规范》（JTG/T 3331-04—2023），作为公路工程推荐性行业标准，自 2023 年 7 月 1 日起施行，《多年冻土地区公路设计与施工技术细则》（JTG/T D31-04—2012）同时废止。

《多年冻土地区公路设计与施工技术规范》（JTG/T 3331-04—2023）的管理权和解释权归交通运输部，日常管理和解释工作由主编单位中交第一公路勘察设计研究院有限公司负责。

请各有关单位注意在实践中总结经验，及时将发现的问题和修改建议函告中交第一公路勘察设计研究院有限公司（地址：陕西省西安市高新区科技四路 205 号，邮政编码：710065）。

特此公告。

中华人民共和国交通运输部
2023 年 3 月 23 日

交通运输部办公厅	2023 年 3 月 27 日印发

前 言

根据《交通运输部关于下达 2019 年度公路工程行业标准制修订项目计划的通知》（交公路函〔2019〕427 号）要求，由中交第一公路勘察设计研究院有限公司主持《多年冻土地区公路设计与施工技术细则》（JTG/T D31-04—2012）的修订工作。

《多年冻土地区公路设计与施工技术细则》（JTG/T D31-04—2012）自颁布实施以来，对提高多年冻土地区公路工程建设质量发挥了重大作用。编制组在调研、总结近年来的工程实践经验和科研成果的基础上，完成了《多年冻土地区公路设计与施工技术细则》的修订工作，修订后标准的名称变为《多年冻土地区公路设计与施工技术规范》。

修订后的《多年冻土地区公路设计与施工技术规范》（以下简称"本规范"）共分14 章。本次修订的主要内容如下：

（1）修订了适用范围，由原规范二级及二级以下公路设计与施工扩展到分离式断面高速公路和一级及一级以下公路的新建、改扩建。

（2）新增了不同阶段选线的基本要求，明确了公路路基间避免热干扰的横向距离，不同功能服务设施纵向间距的基本要求等。

（3）明确了多年冻土地区地基、施工便道、一般路基与特殊结构路基等设计要求，修订了路堤设计原则、路堤设计高度等设计要求和内容。

（4）修订了多年冻土特殊结构路基的适用范围，明确了特殊结构路基必须按照公路工程风险进行分段、动态设计的基本原则；新增冻土工程能量平衡原则，以及复合结构路基的设计要求。

（5）明确了多年冻土地区施工季节、施工准备，特殊结构路基施工工艺、工序、内容等施工要求，新增了过渡段、复合结构路基施工等要求。

（6）修订了多年冻土地区公路沥青路面合理设计年限，半刚性基层材料评价和封测等要求；细化了无机结合料稳定材料的含水率控制。

（7）增加了桥涵设计选择基础类型的内容，修订了桥涵混凝土材料要求，增加了钢结构设计等要求。

（8）增加了多年冻土地区公路隧道设计与施工内容。

（9）将章名"环境保护与景观"修订为"生态保护与景观"，明确了多年冻土地区冻土环境保护、水土保持与景观绿化的设计与施工技术等要求。

请各有关单位在执行过程中，将发现的问题和意见，函告本规范编制组，联系人：符进（地址：陕西省西安市高新区科技四路 205 号；邮政编码：710065；电话：029-88322888；传真：029-89183732；电子邮箱：fujin25@126.com），以便修订时参考。

主 编 单 位：中交第一公路勘察设计研究院有限公司
参 编 单 位：中国科学院西北生态环境资源研究院
　　　　　　青海省交通科学研究院
　　　　　　黑龙江省公路勘察设计院
　　　　　　长安大学
　　　　　　内蒙古自治区交通建设工程质量监督局

主　　　　编：汪双杰
主要参编人员：陈建兵　王　佐　朱东鹏　韩常领　符　进　台电仓
　　　　　　　马　骉　李　军　于　晖　邵广军　单永体　吴青柏
　　　　　　　房建宏　张洪伟

主　　　　审：王　玉
参与审查人员：张建军　于　光　张冬青　陈国靖　张鲁新　刘怡林
　　　　　　　吴万平　黄　勇　孙继伟　黄晓明　李祝龙　牛富俊
　　　　　　　张晟斌　韩龙武　马士杰　刘宏伟　李晓明　王似舜
　　　　　　　喻林青　李　刚　陈建勋　陈志国

目　次

1 总则 ··· 1
2 术语和符号 ·· 3
　2.1 术语 ··· 3
　2.2 符号 ··· 6
3 路线 ·· 9
　3.1 一般规定 ··· 9
　3.2 公路选线 ··· 10
　3.3 线形指标选用 ··· 12
4 工程地质勘察 ·· 17
　4.1 一般规定 ··· 17
　4.2 工程地质勘察阶段和要求 ··· 18
　4.3 勘探与取样 ·· 22
　4.4 试验、测试与观测 ·· 24
　4.5 工程地质分区 ··· 26
　4.6 工程地质评价 ··· 27
5 一般路基设计 ·· 33
　5.1 一般规定 ··· 33
　5.2 设计原则 ··· 33
　5.3 基底处理 ··· 34
　5.4 路床 ··· 35
　5.5 填方路基设计 ··· 35
　5.6 低填浅挖及零填挖断面结构设计 ·· 40
　5.7 路堑设计 ··· 41
　5.8 路基防排水设计 ··· 43
　5.9 挡土墙设计 ·· 45
　5.10 过渡段设计 ·· 48
　5.11 边坡护道、护脚设计 ··· 49
　5.12 取土场、弃土场设计 ··· 50
　5.13 施工便道设计 ··· 51

6 特殊结构路基设计 ... 52
6.1 一般规定 ... 52
6.2 隔热层路基 ... 53
6.3 块石路基 ... 55
6.4 通风管路基 ... 56
6.5 热棒路基 ... 57
6.6 复合结构路基 ... 61

7 沥青路面设计 ... 63
7.1 一般规定 ... 63
7.2 路面结构组合 ... 64
7.3 沥青面层 ... 64
7.4 基层、底基层 ... 66
7.5 垫层 ... 67
7.6 桥面和隧道铺装 ... 67

8 桥涵设计 ... 69
8.1 一般规定 ... 69
8.2 桥涵布置 ... 70
8.3 桥梁上部结构 ... 70
8.4 桥梁基础 ... 72
8.5 桥梁基础及下部结构抗冻防护 ... 73
8.6 涵洞结构 ... 73
8.7 涵洞基础 ... 74
8.8 涵洞进出口 ... 75
8.9 附属工程 ... 76

9 隧道设计 ... 77
9.1 一般规定 ... 77
9.2 洞口及洞门 ... 78
9.3 衬砌结构 ... 78
9.4 防水与排水 ... 80
9.5 隔热保温层 ... 81

10 路基施工 ... 83
10.1 一般规定 ... 83
10.2 施工准备 ... 84
10.3 路基施工 ... 84
10.4 路堑施工 ... 85

10.5	过渡段施工	86
10.6	隔热层路基施工	87
10.7	块石路基施工	87
10.8	通风管路基施工	89
10.9	热棒路基施工	90
10.10	复合结构路基施工	91
10.11	防护及排水工程施工	92

11 沥青路面施工 93
- 11.1 一般规定 93
- 11.2 沥青混合料施工 94
- 11.3 无机结合料稳定类材料施工 94
- 11.4 粒料类材料施工 95

12 桥涵施工 97
- 12.1 一般规定 97
- 12.2 钢材 97
- 12.3 混凝土浇筑与养生 98
- 12.4 基坑开挖 99
- 12.5 钻孔灌注桩施工 100
- 12.6 钻孔插入桩施工 101
- 12.7 钻孔打入桩施工 102
- 12.8 钻孔扩底桩施工 102
- 12.9 墩台 102
- 12.10 涵洞 103
- 12.11 梁板预制与安装 104
- 12.12 桥涵拼装结构接头施工 105
- 12.13 防水层及沉降缝 105
- 12.14 附属工程 106

13 隧道施工 107
- 13.1 一般规定 107
- 13.2 洞口及洞门 107
- 13.3 洞身开挖 109
- 13.4 支护与衬砌 109
- 13.5 防水与排水 110
- 13.6 隔热保温层 111
- 13.7 通风、防尘、水电供应与职业健康 112

14 生态保护与景观 ·· 114
14.1 一般规定 ··· 114
14.2 冻土环境保护 ·· 115
14.3 动植物保护 ·· 115
14.4 水土保持 ··· 116
14.5 景观绿化 ··· 117
本规范用词用语说明 ··· 118

1 总则

1.0.1 为适应多年冻土地区公路建设发展的需要，指导多年冻土地区公路勘察设计与施工，提高多年冻土地区公路设计与施工技术水平，制定本规范。

1.0.2 本规范适用于多年冻土地区新建、改扩建的分离式断面高速公路和一级及一级以下公路的设计与施工。

条文说明

我国多年冻土地区面积215万km^2，主要分布在青藏高原、东北大小兴安岭及西部高山地区，其中高原高海拔冻土150万km^2，东北高纬度冻土近40万km^2。

《多年冻土地区公路设计与施工技术细则》(JTG/T D31-04—2012)(以下简称"2012版细则")，吸收了青藏公路、青藏铁路、新藏公路、漠北公路等多年冻土地区公路、铁路的科研成果和整治经验，对我国多年冻土地区公路建设、养护起到了很好的指导作用，也为其他冻土工程所借鉴。

2012版细则颁布实施近10年来，我国多年冻土地区公路基础设施得到了进一步发展，在青藏高原多年冻土地区新建了青海省共和至玉树公路、花石峡至大武高速公路，东北大小兴安岭地区国、省道公路升级改造，公路等级逐步提高到一级公路、分离式断面高速公路。国家科技支撑计划项目"高海拔高寒地区高速公路建设技术"，交通运输部重大科技项目"青藏高原高等级公路冻土环境效应及建设关键技术研究""高纬度多年冻土区公路病害防治技术研究"等重大项目研究成果，为多年冻土地区一级公路、分离式断面高速公路建设提供了有力的技术支持。

多年冻土区高速公路，由于路基随着断面尺寸增加，产生大尺度路基聚热、厚层路面结构层储热、黑色路面层强吸热叠加效应的影响，为了减少大尺度路基的尺度效应，多年冻土区高速公路建议采用分离式路基结构形式，不推荐采用整体式路基结构形式。

本次修订在2012版细则基础上，纳入近年重大科研和工程建设成果、经验，将使用范围扩展到分离式断面高速公路和一级及一级以下公路。

1.0.3 多年冻土地区公路设计与施工应充分考虑工程与多年冻土相互热干扰的工程尺度效应，遵循冻土工程能量平衡原则，避免采用导致严重聚热的方案、材料与工艺，减少对冻土环境的扰动，保护冻土。

条文说明

多年冻土地区公路工程在设计、建设及养护各阶段要充分考虑不同等级、不同尺度公路的吸热特点，遵循冻土工程能量平衡原则，基于公路的吸热特点，以路基基底作为基准面，综合采取导冷、阻热和调温的工程措施，达到控制多年冻土地温和上限的目的。

1.0.4 多年冻土地区公路设计与施工应结合特殊的自然因素和施工要求，采用成熟可靠的技术、材料及工艺。新技术、新工艺、新材料、新结构应通过试验工程验证并报主管部门批准后方可采用。

1.0.5 新建工程冻土特殊结构路基及多年冻土地区公路改扩建工程，宜进行动态设计施工。

1.0.6 多年冻土地区二级及二级以上公路应进行施工监测。

1.0.7 多年冻土地区公路设计与施工除应符合本规范的规定外，尚应符合国家和行业现行有关标准的规定。

2 术语和符号

2.1 术语

2.1.1 多年冻土 permafrost
冻结状态持续时间两年或两年以上的冻土。

2.1.2 融区 thawed area
多年冻土区中由于热力作用形成的非多年冻土区段。

2.1.3 总含水率 water content in frozen soil
冻土中所含冰和未冻水的总质量与干土质量之比。

2.1.4 季节冻结层 seasonally frozen layer
每年寒季冻结、暖季融化，且年平均地温高于0℃的地表以下土层，其下卧层为非冻结层或不衔接多年冻土层。

2.1.5 季节融化层 seasonally thawed layer
每年寒季冻结、暖季融化，且年平均地温低于0℃的地表以下土层，其下卧层为冻结层。

2.1.6 多年冻土天然上限 natural permafrost table
天然条件下多年冻土层的顶面。

2.1.7 多年冻土人为上限 artificial permafrost table
人为条件影响下形成的多年冻土顶面。

2.1.8 多年冻土下限 permafrost base
多年冻土层的底面。

2.1.9 衔接多年冻土 connect permafrost
直接位于季节融化层之下的多年冻土。

2.1.10 不衔接多年冻土 detachment permafrost
季节活动层的冻结深度浅于天然上限的多年冻土。

2.1.11 盐渍化冻土 saline frozen soil
易溶盐的含量超过规定值的冻土。

2.1.12 地温年变化深度 depth of zero annual amplitude of ground temperature
地表以下,地温在一年内变化不超过±0.1℃的深度,也称年零较差深度。

2.1.13 年平均地温 mean annual ground temperature
年零较差深度处的地温。

2.1.14 融化下沉系数 thaw-settlement coefficient
冻土融化过程中,在自重作用下产生的相对融化下沉量。

2.1.15 冻胀率 frost heaving ratio
单位冻结深度的冻胀量。

2.1.16 冻结强度 freezing strength
土与基础侧表面冻结在一起所能承受的最大剪应力。

2.1.17 冻土抗剪强度 share strength of frozen soil
冻土抵抗剪切破坏的能力。

2.1.18 冻胀力 frost-heave force
土的冻胀受到约束时产生的力。

2.1.19 切向冻胀力 tangential frost-heave force
地基土在冻结膨胀时,沿切向作用在基础侧表面的力。

2.1.20 法向冻胀力 normal frost-heave force
地基土在冻结膨胀时,沿法向作用在基础侧表面的力。

2.1.21 水平冻胀力 horizontal frost-heave force
地基土在冻结膨胀时,沿水平方向作用在结构物或基础表面上的力,包括沿切向和法向的作用力。

2.1.22 标准冻深 standard freezing depth
非冻胀黏性土，地表平坦、裸露、城市之外的空旷场地中，不少于 10 年实测最大冻深的平均值。

2.1.23 冻结指数 freezing index
一年中低于 0℃ 的气温与相应持续时间乘积的代数和。

2.1.24 热融滑塌 thaw slumping
高含冰量冻土分布的自然坡面，由于冻土融化引起上覆土体下滑的现象。一般具有溯源性，又称热融滑坡。

2.1.25 融冻泥流 gelifluction
缓坡上的细粒土，受反复的冻融作用导致结构破坏，沿山坡向下缓慢蠕动的饱水土体。

2.1.26 热融湖（塘） thermokarst lake
多年冻土地区地下冰融化形成的积水洼地。

2.1.27 冰锥 icing
多年冻土地区地下水在寒季流出地表冻结所形成的冰体。河流中形成的冰锥也称冰漫。

2.1.28 冻土沼泽 marsh in permafrost
在多年冻土地区，由于地表水、地下水的影响，地面长期潮湿，生长喜湿和喜水植物，并有泥岩堆积的山前斜坡或山间洼地。

2.1.29 冻胀丘 frost mound
由土的差异冻胀作用所形成的丘状地形。

2.1.30 冻融圈 freeze-thaw cylinder
多年冻土地区隧道洞身开挖，使围岩受环境变化而产生季节融化冻结的影响带。

2.1.31 融化指数 thawing index
一年中高于 0℃ 的气温与相应持续时间乘积的代数和。

2.1.32 融化盘 thaw bulb
采暖建筑物下，多年冻结地基土发生融化的部分，一般形如盘、盆状，故称融化盘。

2.1.33 冻土核 frozen core
在多年冻土地区路堤中形成的冻土体。

2.1.34 冻结层上水 suprapermafrost water
分布在多年冻土层之上的地下水。

2.1.35 冻结层间水 intrapermafrost water
被多年冻土完全包围或半包围的自由重力水。

2.1.36 冻结层下水 subpermafrost water
分布在多年冻土层之下的地下水。

2.1.37 冻土现象 features related to frozen ground
土体中水的冻结和融化作用所产生的新形成物和中小型地形，如冰锥、冻胀丘、融冻泥流和热融滑塌等。

2.1.38 主动降温 proactive cooling
通过工程措施或装置主动地降低冻土的温度，使其向有利于工程稳定性的方向发展。

2.1.39 被动保护 passive protection
通过阻隔、封闭等措施减少热交换，以维持地温的原始状况或减缓冻土的退化。

2.1.40 热棒 thermosyphon
蒸发段在下方、冷凝段在上方、管内凝结液依靠重力而回流，一般用于降低冻土温度的传热管，也称为热管。

2.2 符号

2.2.1 冻土物理、力学及热学特性
c——黏聚力；
w——总含水率；
w_i——冻土的含冰量；
w_p——塑限；
λ_u——土体在融化状态下的导热系数；

ρ_d——土体干密度；

σ_h——水平冻胀力；

φ——内摩擦角。

2.2.2 土的季节冻结与融化参数

h_a——路基下多年冻土人为上限；

h_t——冻土天然上限；

Δh——沥青路面下多年冻土人为上限下降值；

P——多年冻土平均融化速率；

s——季节融化层压缩沉降量；

T_{cp}——多年冻土年平均地温；

δ_0——冻土融沉系数；

η——平均冻胀率。

2.2.3 路基高度

H_g——改建路基设计临界高度；

H_R——路基合理高度计算值；

H_S——路基设计高度；

h——勘探年路基高度。

2.2.4 路面相关参数

I_d——干缩抗裂指数；

I_t——温缩抗裂指数；

ΔT_m——基层材料在最不利情况下的最大温度变化范围；

$[T]$——温缩抗裂系数；

$[W]$——干缩抗裂系数；

Δw_m——基层材料在最不利情况下含水率的最大变化幅度；

$\bar{\alpha}_d$——最不利情况下对应于 Δw_m 的平均干缩系数；

$\bar{\alpha}_t$——最不利情况下对应于 ΔT_m 的平均温缩系数；

ε_m——材料的极限拉应变。

2.2.5 其他类结构物参数

a——挡土墙顶宽；

b——挡土墙基础宽；

d_x, d_s——隔热层与等效土体的厚度；

E_a——主动土压力；

H——挡土墙地面以上部分高；

h_z——隔热层合理埋深；

K_0——挡土墙抗倾覆安全系数；

L——挡土墙埋深；

M_a——挡土墙绕墙体前趾倾覆力矩；

M_q——挡土墙稳定力矩；

Q_a——热棒的年设计传热量；

Q_D——热棒年散热量；

γ——挡土墙重度；

λ_x，λ_s——隔热层与等效土体的导热系数；

σ_p——隔热层极限强度。

2.2.6 其他指数与系数

E_0——压实层的变形模量；

K——气温修正系数；

M——冻土类型修正系数；

p——轮胎压强；

q——单位线载荷；

Δt——多年冻土路基设计使用年限；

Δy——沥青路面竣工至勘探的时间；

σ_{max}——压路机最大接触应力；

ϕ——冻土融化速度衰减系数。

3 路线

3.1 一般规定

3.1.1 多年冻土地区公路路线线位的选择应结合地形、地貌、地质和水文条件等因素，充分考虑冻土分布与特征，避免因路线选择不当而诱发工程病害。

3.1.2 多年冻土地区公路路线设计应遵循宁填勿挖的原则。高填、深挖路段还应从保护冻土环境的角度，与桥、隧方案进行比选。

条文说明

多年的工程实践表明，冻土融化是导致多年冻土地区工程病害的最主要原因，多填少挖和桥隧方案均具有避免扰动冻土环境、保护冻土覆盖层的积极作用，因此，多年冻土地区公路在综合考虑纵、横断面设计中遵循宁填勿挖的原则。

3.1.3 多年冻土地区公路路线设计应考虑冻结期路面冰滑，在高海拔地区还应考虑驾驶员因心理负荷增大、血氧含量减少而导致的反应时间延长等不利因素，合理选用技术指标。

3.1.4 多年冻土地区公路路线设计应考虑对沿线植被、湿地和珍稀野生动物的保护，宜绕避环境敏感区、自然保护区以及珍稀野生动物聚集区，并应符合现行《公路环境保护设计规范》（JTG B04）的有关规定。

3.1.5 多年冻土地区高速公路、一级公路宜采用分离式路基形式，且分离式路基坡脚间距在少冰、多冰冻土地段不宜小于35m，在富冰及其以上冻土地段不宜小于50m。当间距不满足要求时，应适当强化路基热能量调控方案，消除两幅路基之间的相互热干扰，并特别注意防排水。

条文说明

当整体式路基改为分离式路基后，虽然基底吸热面积增大，但是削弱了整体式路基的聚热效应，基底总吸热量是减小的，有利于减小对多年冻土的扰动和破坏，降低融沉风险。青海省共和至玉树公路的实践经验证明，分离式路基之间设置足够的安全距离或采取有效的工程措施，可以消除两幅路基之间的相互热干扰。

3.1.6 改扩建公路应充分利用既有较为稳定的公路线位。

3.2 公路选线

3.2.1 多年冻土地区公路选线应根据不同的设计阶段，逐步由浅入深确定线位方案。

3.2.2 多年冻土地区公路走廊带选择，宜在1∶50 000到1∶25 000地形图上进行方案比选；应结合空间遥感、航空摄影测量等先进技术手段，综合考虑社会需求、经济发展、地形地貌、多年冻土工程地质分区等因素。

条文说明

公路选线是公路勘察设计的重要环节，要求设计的路线方案既经济合理，又快速高效，并且安全可靠。遥感技术具有宏观性强、影像逼真、信息量丰富等特点，对地形地貌、地质构造、不良地质和特殊地质均有比较直观的反映，在工程区域地质条件评价、公路走廊带选择、路线方案比选、病害成因及其影响评价方面具有优越性。因此，条文中强调了遥感技术在多年冻土地区公路选线中的应用。

公路走廊带选择时考虑的控制因素主要有社会需求、经济发展、地形地貌、多年冻土工程地质分区等宏观因素。

3.2.3 多年冻土地区公路初步设计线位选择，宜在1∶10 000到1∶5 000地形图上进行方案比选；应布设必要的钻孔，采用综合地质勘察方法，查明沿线多年冻土区边界、冻土分布类型、融区构造、不良冻土现象等。方案比选时，应重点分析多年冻土融沉风险及其对工程稳定的影响。

3.2.4 多年冻土地区公路施工图设计线位选择，宜在1∶2 000到1∶500地形图上进行优化设计；应进行详细工程勘察，重点查明多年冻土上限、冻土含冰量、冻土地温等冻土工程特征；与既有工程间应设置适当的安全距离，并评价既有工程与线位间的热干扰程度。

条文说明

多年冻土地区公路选线要考虑走廊带内的工程容量问题，重视不同工程之间的热影响，尽量减少与已有工程间的相互热扰动和热影响叠加。

以年平均地温为-1.0℃冻土地区，宽26m、高4m高速公路为例，考虑热影响范

路 线

围时，高速公路与既有公路路基坡脚间距大于60m，与既有管线间距大于55m；当路基宽度大于26m，高度大于4m，以及地温高于-1.0℃时，工程间的距离要适当增大。

3.2.5 线位宜绕避冰锥、冻胀丘、冻土沼泽、热融湖（塘）、厚层地下冰及热融滑塌等不良冻土现象严重地段；无法绕避时，应选择分布薄弱、发育较轻的地带以最短距离通过。

3.2.6 山岭区线位宜选择在相对平缓、干燥和向阳的斜坡上通过，避免穿越低洼、潮湿和较陡的山坡。

3.2.7 河谷区线位宜选择在多年冻土工程地质条件较好的地段通过，绕避沼泽、湿地、腐殖土地段及河流融区附近的多年冻土边缘地带。

条文说明

多年冻土地区往往在河谷地段发育有河流融区。多年冻土向融区过渡的边缘地带，地质条件变化复杂，因此，当线位通过时宜选择绕避。

3.2.8 微丘坡地或阶地线位宜高不宜低，宜选择在冻融坡积层缓坡上部或高阶（台）地上通过。

条文说明

平缓、干燥、向阳的斜坡和微丘坡地或阶地一般冻土病害较轻，是相对稳定地段，即使有厚层地下冰的分布，往往也分布在斜坡下部，因此，路线线位宜高不宜低。

3.2.9 垭口地段采用隧道方案时，线位应避免穿越地下冰发育地段，洞口位置宜避开热融滑塌、冰锥、冻胀丘及厚层地下冰等不良地质。

3.2.10 冰锥、冻胀丘地段，其形成水源为多年冻土层上水时，线位宜在冰锥、冻胀丘外缘下方通过，并做好相应防护；其形成水源为多年冻土层间水或层下水时，应在冰锥、冻胀丘上方通过。

3.2.11 冻土沼泽地段，线位宜在沼泽边缘通过。应避开山前沼泽横向坡度较陡的地段。

3.2.12 热融湖（塘）地段，线位不应在热融侵蚀严重方向通过；路基最小填高应满足最高水位、波浪侵袭高度及路堤修筑后的壅水高度等要求，路基坡脚距离热融湖（塘）边缘应不小于30m。

3.2.13 厚层地下冰的斜坡路段，线位宜从斜坡上部以路堤通过。

3.2.14 热融滑塌路段，线位宜从斜坡下部以路堤通过，并做好必要防护。

3.2.15 不良冻土现象严重地段，当设置填方路基有困难时，宜采用桥梁跨越。

3.3 线形指标选用

3.3.1 高海拔多年冻土地区停车视距及纵坡段修正值应根据道路功能按表3.3.1-1和表3.3.1-2确定。

表3.3.1-1 高海拔多年冻土地区停车视距

设计速度（km/h）		120	100	80	60	40	30	20
停车视距（m）	反应时间3.5s	280	215	160	115	75	55	35
	反应时间3.0s	260	200	150	110	70	50	30

注：1. 新建干线公路，设计交通量在公路等级适应交通量上限附近，取3.5s反应时间的视距指标。
2. 新建集散公路，设计交通量在公路等级适应交通量中间范围，取3.0s反应时间的视距指标。
3. 改建公路，条件受限时，可采用现行《公路工程技术标准》（JTG B01）规定的停车视距，并应设置警告标志。

表3.3.1-2 停车视距纵坡段修正值（m）

设计速度（km/h）		120	100	80	60	40	30	20
反应时间3.5s								
纵坡坡度（%）	3	16	11	8	8	8	6	0
	4	20	15	12	12	12	10	1
	5	—	21	17	17	17	14	2
	6	—	—	22	22	22	19	4
	7	—	—	—	28	28	25	7
反应时间3.0s								
纵坡坡度（%）	3	15	10	7	7	7	5	1
	4	20	14	10	10	10	8	2
	5	—	20	14	15	16	12	4
	6	—	—	19	20	21	17	6
	7	—	—	—	—	26	24	9

条文说明

青藏公路的实地调研数据分析表明：随着海拔的升高，因驾驶员的血氧含量减少，反应时间要比正常情况下增长。根据驾驶员在不同海拔的血氧含量，结合反应时间延误与血氧含量关系图，得出海拔3 000m时反应时间延误比海拔400m以下多约0.4s，随着海拔的增加，血氧含量的降低，反应时间延误还将进一步增大，即驾驶员在高海拔地区的反应时间比低海拔地区增加0.4s以上。同时考虑每年10月到次年5月较长的冰冻期，冰滑路面情况下的制动距离，因此，在综合考虑道路环境与气候等因素后，要求在确定高海拔多年冻土地区停车视距时，制动反应时间分别按3.0s和3.5s计取。

3.3.2 高海拔多年冻土地区公路竖曲线最小半径应按表3.3.2确定。

表3.3.2 高海拔多年冻土地区公路竖曲线最小半径

设计速度（km/h）		120	100	80	60	40	30	20
凸形竖曲线最小半径（m）	反应时间3.5s	20 000	11 500	6 500	3 300	1 400	750	300
	反应时间3.0s	17 000	10 500	5 600	3 000	1 200	650	250
凹形竖曲线最小半径（m）	反应时间3.5s	7 000	5 400	3 800	2 400	1 400	900	450
	反应时间3.0s	6 400	4 900	3 400	2 000	1 200	800	350

注：1. 设计交通量在公路等级适应交通量上限附近的新建干线公路，车辆以过境运输为主，在地形、地质条件许可情况下，应按3.5s反应时间的视距要求选用竖曲线指标。
　　2. 设计交通量在公路等级适应交通量中间范围的集散公路，线形指标应根据地形掌握，在增加工程量数量不多的情况下，宜按3.0s反应时间的视距要求选用竖曲线指标。
　　3. 设计交通量在公路等级适应交通量下限附近的地方公路或改建公路，应按现行《公路工程技术标准》（JTG B01）的规定选用竖曲线指标，避免工程数量的增大和对周围环境的破坏。

3.3.3 多年冻土地区应考虑路面冰滑的特点，平曲线最小半径应按表3.3.3确定。其中对于冰冻期较长、阴坡影响路段应采用积雪冰冻区平曲线最小半径。设计交通量在公路等级适应交通量下限附近的改建公路，当条件受限时，平曲线指标可按其他现行标准的规定选用。

表3.3.3 多年冻土地区平曲线最小半径

设计速度（km/h）			120	100	80	60	40	30	20
平曲线最小半径（m）	最大超高6%	一般地区	710	500	310	200	90	55	25
		积雪冰冻区	960	660	430	240	120	100	40

注：高速公路、一级公路当海拔大于4 000m时，平曲线最小半径宜不小于350m。

3.3.4 海拔3 000m及其以上地区，最大纵坡不宜大于7%，且应按表3.3.4予以折减。最大纵坡折减后小于4%时，应采用4%。

表3.3.4 高海拔多年冻土地区最大纵坡折减值

海拔（m）	3 000~3 500	3 500~4 500	4 500~5 500	5 500以上
纵坡折减（%）	1.0	1.5	2.0	2.5

条文说明

青藏公路的实地调研数据分析表明：由于高海拔多年冻土地区空气稀薄，导致车辆动力性能降低，其平均速度比平原区行驶速度降低10km/h以上。因此，在海拔3 000m及其以上地区，最大纵坡需在平原区纵坡规定基础上适当地折减。

3.3.5 在高海拔多年冻土地区，高速公路、一级公路最大坡长应按表3.3.5-1确定，二级及二级以下双车道公路最大坡长应按表3.3.5-2确定。

表3.3.5-1 高海拔多年冻土地区高速公路、一级公路最大坡长（m）

海拔（m）		3 000~4 000				4 000~5 000				5 000以上			
设计速度（km/h）		120	100	80	60	120	100	80	60	120	100	80	60
纵坡坡度（%）	3	—	725	990	—	—	625	825	—	—	550	710	890
	4	445	570	720	—	410	515	635	960	375	470	570	805
	5	—	405	495	710	—	380	455	630	—	355	425	570
	6	—	—	380	515	—	—	355	475	—	—	335	440

表3.3.5-2 高海拔多年冻土地区二级及二级以下双车道公路最大坡长（m）

设计速度（km/h）		60	40	30	20
纵坡坡度（%）	4	900	—	—	—
	5	600	700	—	—
	6	500	550	600	700
	7	—	400	450	500

3.3.6 双车道公路连续上坡路段，沿连续上坡方向载货汽车的运行速度低于表3.3.6的容许最低速度，且符合下列情况之一者，宜在上坡方向行车道右侧设置爬坡车道：

1 相邻的平坡路段和上坡路段，服务水平相差超过2个级别。
2 上坡路段服务水平降低至四级。

表3.3.6 上坡方向容许最低速度

设计速度（km/h）	80	60	40
容许最低速度（km/h）	50	40	25

3.3.7 超车道的设置标准应以跟车率作为评价指标确定；设置超车道后，在不同的交通量条件下，服务水平应不低于三级。超车道设置标准宜符合表3.3.7的规定。

表 3.3.7 超车道长度和间距推荐值

交通量（辆/h）	推荐的超车道长度（km）	推荐的超车道间距（km）
400	0.8~1.2	10~12
600	1.2~2.0	8~9
800	2.0~2.4	5~7
1 000	2.4~2.8	4~6
1 200	2.8~3.2	4~5

条文说明

超车道的长度和间距对提高路段的运行效率非常关键，如果超车道长度太短，或间距太长，就不能有效地降低车辆的排队长度；如果超车道太长，且间距太短，则又不够经济。因此，超车道的合理设置要求是综合超车道长度和间距的最佳组合。

3.3.8 超车道及爬坡车道的横断面布置形式如图 3.3.8 所示，应沿行车道外侧拓宽路基。过渡段长度可按式（3.3.8-1）和式（3.3.8-2）计算。

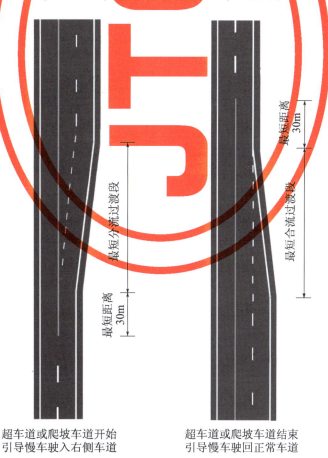

超车道或爬坡车道开始　　　　超车道或爬坡车道结束
引导慢车驶入右侧车道　　　　引导慢车驶回正常车道

图 3.3.8　超车道及爬坡车道横断面布置图

最短分流过渡段长度

$$L_{\mathrm{D}} = \frac{vW}{3.6} \qquad (3.3.8\text{-}1)$$

最短合流过渡段长度

$$L_{\mathrm{M}} = \frac{vW}{2.16} \qquad (3.3.8\text{-}2)$$

式中：v ——运行速度（km/h）；

W ——拓宽宽度（m）。

3.3.9 多年冻土地区高速公路服务设施可分为三类，并应符合下列规定：

1 停车区，应设置停车场、公共厕所、室外休息室等设施，具备短暂休息、停留功能。海拔低于4 000m时，停车区间距宜不大于50km；海拔不低于4 000m时，停车区间距宜不大于40km。

2 第二类服务区，应设置停车场、加油站、公共厕所、室外休息室、简易吸氧机等设施，有条件时可设置餐饮、商品零售点等设施。海拔低于4 000m时，第二类服务区间距宜不大于100km；海拔不低于4 000m时，第二类服务区间距宜不大于80km。

3 第一类服务区，在第二类服务区的基础上，应增设加氧站、医疗救护站等紧急医疗设施。第一类服务区间距宜不大于300km。

4 两个第二类服务区之间应设置1处以上的停车区。

4 工程地质勘察

4.1 一般规定

4.1.1 冻土工程地质勘察工作应采用遥感勘测、工程地质调查与测绘、钻（挖）探、地球物理勘探、取样、试验、原位测试、定位观测等相结合的综合勘察方法，评价公路沿线冻土工程地质条件。

4.1.2 冻土工程地质勘察应加强沿线区域地质、工程地质、水文地质、地震、气象、水文、生态环境等资料的收集，并分析其与多年冻土工程地质条件间的相互作用。

4.1.3 冻土工程地质勘察应对沿线既有工程进行病害调查并收集相关勘察、设计、施工及养护资料，分析病害产生的原因及其与多年冻土变化间的关系。

4.1.4 冻土工程地质勘察应查明下列主要内容：
1 沿线地貌的成因、类型、形态特征、分布情况、地表物质组成及植被情况，并划分地貌单元。
2 沿线地层、岩性、构造、地震等特征。
3 多年冻土的类型、空间分布特征、厚度、埋藏特征、发育特征及其与自然条件、人为活动的关系。
4 地表水、冻土冻结层上水、冻土冻结层间水、地下水及其与多年冻土的关系。
5 季节活动层深度及其空间分布特征。
6 多年冻土上限、多年冻土年平均地温、地温年变化深度、地表温度较差。
7 多年冻土的物理、力学及热学特征，冻土的融沉、冻胀特性。
8 冰锥、冻胀丘、冻土沼泽、热融湖（塘）、热融滑塌等不良冻土现象的分布、成因、形态、规模、发展、变化情况及其工程影响。
9 多年冻土区内融区的分布特征、成因及其与自然因素、人为工程活动的关系。
10 沿线区域既有道路和工程建筑的使用情况及其对冻土环境的影响。
11 沿线工程材料、工程用水、生活用水的分布情况。

4.1.5 勘察场地复杂程度可按表4.1.5进行划分。

表 4.1.5　勘察场地复杂程度

场地复杂程度	多年冻土年平均地温（℃）			多年冻土含冰状态	不良冻土现象	对环境影响
	二级及二级以下公路	一级公路、高速公路				
		分离式路基	整体式路基			
复杂场地	≥-1.5	≥-1.8		厚层地下冰发育	强烈发育	影响大
一般场地	≥-1.5	≥-1.8		地下冰发育	发育	有不利影响
简单场地	<-1.5	<-1.8		地下冰不发育	不发育	影响小

注：1. 当表中有两项符合时，可判定为相应的场地复杂程度。
　　2. 当一级公路或高速公路采用分离式路基，但两幅路基相邻坡脚间距小于50m时，按整体式路基对待。

条文说明

场地复杂程度等级划分时，主要考虑了对冻土工程地质条件的影响。其中，多年冻土年平均地温表征了多年冻土的热稳定状态，是多年冻土工程地质条件重要的判别因素。

对于公路工程而言，由于沥青路面具有强烈的吸热效应并阻隔路面下土体蒸发散热，因此，易形成多年冻土的热侵蚀。长期研究数据表明，对于二级及二级以下公路，当多年冻土年平均地温高于-1.5℃时，公路工程病害较为突出，当年平均地温低于-1.5℃时，冻土沉陷等公路病害相对较少。

对于高速公路、一级公路整体式路基断面宽度和路面厚度的增加，路面吸热和阻隔蒸发散热的问题更为突出。研究表明，对于路基宽度为24.5m的高速公路，当年平均地温低于-1.8℃时才能通过合理路基高度平衡热扰动。因此，高速公路、一级公路整体式路基采用了年平均地温-1.8℃作为划分界限。高速公路、一级公路分离式路基宽度与二级公路接近，但过小的路基间距产生的相互热影响对公路稳定性不利。根据国家科技支撑计划项目"青藏工程走廊内线形工程冻土环境综合效应及工程容量研究"成果，当采用高速公路、一级公路分离式路基时，相邻两幅路基坡脚间距小于50m的分离式路基按整体式路基对待。

4.1.6　冻土工程地质勘察应在典型地质、地貌单元开展多年冻土地温观测工作；在重点工程地段，宜结合勘探作业开展可能诱发冻土变化或工程病害相关要素的监测工作。

4.1.7　工程地质勘察应进行动态勘察，结合设计方案变化、工程地质条件变化等因素及时调整和优化勘察方案。

4.2　工程地质勘察阶段和要求

4.2.1　冻土工程地质勘察应分为可行性研究勘察、初步勘察、详细勘察三个阶段，必要时可在公路工程施工阶段和运营阶段进行补充勘察。

4.2.2 冻土工程地质勘察应结合各勘察阶段的工作任务和目的，合理确定勘察工作方案，查明冻土工程地质条件。

4.2.3 工程可行性研究阶段冻土工程地质勘察应初步查明路线走廊带的地形地貌、地理条件、地层岩性、地质构造、水文地质条件及地震动参数，分析路线方案冻土的分布、性质、发育规律及影响工程方案的主要工程地质问题，为编制可行性研究报告提供地质依据，并应符合下列规定：

1 应充分收集项目建设区既有的地质、水文、气象、冻土等相关资料，分析研究路线走廊的冻土工程地质条件，明确勘察重点，并拟定勘察方案。

2 应充分结合卫星遥感、航空摄像等技术手段解译路线走廊工程地质条件。

3 应进行比例尺为1∶10 000的路线工程地质调绘，调绘范围应包括路线走廊所处的带状区域，且调绘宽度不小于路线中线两侧各1 000m，当工程条件复杂时应根据需要予以扩大。

4 应开展必要的钻探、地球物理勘探、试验等工作，钻探工作量宜每公里不少于1个钻孔，初步查明沿线多年冻土分布范围、类型、发育特征等内容。

5 应对研究区域既有公路工程稳定性进行调查、评价，分析冻土类型、冻土上限、年平均地温、不良冻土现象及公路两侧环境变化等与工程稳定性的关系。

6 应评价多年冻土边缘地带和高温冻土带的冻土退化、高含冰量冻土分布地区的热融沉陷，以及严重冻胀等对主要工程方案的影响。

7 应评价路线走廊带的冻土工程地质条件及冻土工程地质问题，并提出路线走廊比选、重点工程建设适宜性意见。

4.2.4 工程可行性研究阶段冻土工程地质勘察报告，应提供下列资料：

1 冻土工程地质勘察说明书，对拟建公路沿线的地形地貌、地质构造、水文地质条件、新构造运动、地震动参数等基本地质条件进行说明；阐明冻土及冻土现象的类型、分布范围、发育规律及其对公路工程的影响和绕避的可能性；对线路方案有重大影响的冻土工程地质问题进行论证、评价；重点工程要结合工程方案的论证、比选，对工程地质条件进行说明、评价；提供工程方案论证、比选所需的参数。

2 路线冻土工程地质平面图，比例尺为1∶10 000～1∶50 000。

3 路线冻土工程地质纵断面图，水平比例尺为1∶10 000～1∶50 000，垂直比例尺为1∶500～1∶1 000。

4 控制路线方案的重点区域、控制性工程的冻土工程地质平面图和冻土工程地质剖面图、附图、附表等，平面图、剖面图比例尺为1∶2 000～1∶10 000。

5 相关遥感、勘探、试验等图件、照片等资料。

4.2.5 初步勘察应在可行性研究勘察的基础上进行，结合工程方案比选，采用综合工程地质勘察方法，基本查明各路线方案及各类工程构筑物建设场地的冻土工程地质条件，为初步设计提供工程地质依据，并应符合下列规定：

1 应充分收集和分析项目建设区既有的地质、水文、气象、冻土等资料，结合可行性研究勘察成果，明确勘察重点，并制订勘察方案。

2 应结合工程设计方案，进行路线两侧不小于500m范围的1∶2 000～1∶5 000的工程地质调绘。

3 工程地质勘探工作量应满足现行《冻土工程地质勘察规范》（GB 50324）及《公路工程地质勘察规范》（JTG C20）的要求。

4 应在重要控制性工程、试验工程、典型地质地貌单元等路段建立长期定位观测场地，进行地温观测，观测深度应不小于地温年变化深度。

4.2.6 初步勘察阶段冻土工程地质勘察报告，应提供下列资料：

1 冻土工程地质勘察说明书，对工程建设场地冻土工程地质条件进行分析、评价，并提出工程地质建议。

2 路线冻土工程地质平面图，比例尺为1∶2 000～1∶5 000。

3 路线冻土工程地质纵断面图，水平比例尺为1∶2 000～1∶5 000，垂直比例尺为1∶100～1∶1 000。

4 工点冻土工程地质条件说明，包括下列资料：

1）工点冻土工程地质勘察说明书，对工点多年冻土工程地质条件进行评价分析。

2）工点工程地质平面图，比例尺为1∶2 000。

3）工点工程地质断面图，水平比例尺为1∶2 000，垂直比例尺为1∶100～1∶500。

5 钻（挖）探柱状图，比例尺为1∶50～1∶200。

6 观测资料、水质分析资料、地球物理勘探解译成果、土工试验汇总表、岩土物理力学指标汇总表。

7 其他测试资料、附图、附表、照片等。

4.2.7 详细勘察应在初步勘察的基础上进行，结合设计方案，采用综合工程地质勘察方法查明路线方案及各类工程构筑物建设场地的冻土工程地质条件，为施工图设计提供工程地质依据，并应符合下列规定：

1 应充分收集和研究项目建设区既有的地质、水文、气象、冻土及工程等资料，结合初步勘察成果，明确勘察重点，制定勘察方案。

2 应结合工程设计方案，进行路线两侧不小于200m范围的1∶2 000工程地质调绘。

3 工程地质勘探工作量应满足现行《冻土工程地质勘察规范》（GB 50324）及《公路工程地质勘察规范》（JTG C20）的要求。

4 应结合勘探资料及定位观测资料，加强多年冻土工程地质条件分析工作。

5 宜在重点工程建设场地、试验工程、冻土工程地质条件复杂路段补充定位监测场地，为工程施工阶段及运营阶段工程稳定性判别提供依据。

4.2.8 详细勘察阶段冻土工程地质勘察报告，应提供下列资料：
1 冻土工程地质勘察说明书，对工程建设场地冻土工程地质条件进行分析、评价，并提出工程地质建议。
2 路线冻土工程地质平面图，比例尺为 1∶2 000。
3 路线冻土工程地质纵断面图，水平比例尺为 1∶2 000，垂直比例尺为 1∶100 ~ 1∶1 000。
4 工点冻土工程地质条件说明，包括下列资料：
 1）工点冻土工程地质勘察说明书，对工点多年冻土工程地质条件进行评价分析。
 2）工点工程地质平面图，比例尺为 1∶2 000。
 3）工点工程地质断面图，水平比例尺为 1∶2 000，垂直比例尺为 1∶100 ~ 1∶500。
5 钻（挖）探柱状图，比例尺为 1∶50 ~ 1∶200。
6 观测资料、水质分析资料、地球物理勘探解译成果、土工试验汇总表、岩土物理力学指标汇总表。
7 其他测试资料、附图、附表、照片等。

4.2.9 施工阶段冻土工程地质勘察，应符合下列规定：
1 应分析多年冻土地区的工程地质资料，掌握工点的工程特点及加固处理措施，预测施工中可能发生的工程地质问题，提出施工注意事项。
2 验证各类工点的工程地质资料，当发现冻土工程地质条件变化较大时应补充勘察，验证勘察期间确定的冻土工程地质条件的适宜性及设计的合理性。
3 施工过程中发现多年冻土特征与详细勘察不符时应补充勘察，确定变化范围，分析冻土工程地质条件变化的原因及原有工程措施的适宜性。
4 应持续对勘察期间预留的观测点进行观测。

4.2.10 施工阶段多年冻土工程地质勘察报告，应提供下列资料：
1 工程地质说明书，说明施工中多年冻土工点发生的工程地质变更问题，变更设计的范围、性质和原因、处理经过、措施和效果等。
2 其他资料，符合本规范第 4.2.8 条的规定。

4.2.11 运营阶段冻土工程地质勘察，应符合下列规定：
1 收集并分析详细勘察阶段和施工阶段勘察资料，掌握勘察工点的冻土工程地质条件，分析可能产生冻土工程地质问题的原因。
2 收集工程施工方案、施工工艺、工程病害及其处治措施，分析其对多年冻土的影响情况。
3 运营期间根据环境地质条件的变化、气温升高或地下水位变化的趋势，对重要建筑物及高温极不稳定区和不稳定区的地基，进行气温、地温变化和地基沉降、建筑变形的监测，评价其对工程的影响，及时提出预防或加固处理的措施建议。

4 持续监测勘察、施工期间设置的观测点，分析地温等观测数据的变化情况，根据监测成果提出工程预防或处理措施建议。

4.2.12 运营阶段多年冻土工程地质勘察报告，应提供下列资料：
1 工程地质说明书，说明运营阶段多年冻土工点发生的工程地质问题，分析各项勘探资料、监测资料，绘制有关图表，进行分析研究，提出意见建议。
2 其他资料，符合本规范第4.2.8条的规定。

4.3 勘探与取样

4.3.1 多年冻土工程地质勘探应结合勘探目的选择在适宜的时间进行，冻结过程形成的不良冻土现象宜在2月、3月、4月进行调查和勘探，融化过程形成的不良冻土现象宜在7月、8月、9月进行调查和勘探，多年冻土上限宜在9月、10月进行调查和勘探。

4.3.2 应对勘探点周围100m×100m范围内的地表植被覆盖度、土质和不良冻土现象及人为扰动迹象等与多年冻土发育相关的特征进行描述。

4.3.3 工程地质勘探宜在路线两侧100m范围内进行，钻探深度应不小于多年冻土地温年变化深度，并应符合各勘察阶段相关要求。

4.3.4 多年冻土工程地质勘探应减少对场地地表植被的扰动和破坏，被扰动和破坏的地表应进行植被恢复，钻孔、探坑、探槽等应及时回填并进行植被恢复。

4.3.5 冻土浅部土层、各地貌单元分界线处的季节融化层厚度和地层变化等宜采用坑探和槽探进行勘探，应绘制坑探的坑壁展示图和槽探的槽壁纵断面图。

4.3.6 多年冻土地区工程地质钻探的设备选择及钻探方法应符合下列规定：
1 宜选用轻便、易装卸、动力充足的中小型钻机，当钻探场地地表可以承受重型钻机时，宜采用中型汽车钻机。
2 当工作区域位于高海拔地区时，钻机的功率应考虑高海拔地区功率损失，宜选择额定钻井深度为钻孔深度1倍以上的钻机。
3 钻探应采用全断面取芯钻进，对于第四系松散地层，宜采用低速干钻方法，回次进尺宜为0.20~0.50m；当地层为高含冰量的冻结黏性土层时，可采取快速干钻方法，回次进尺不宜大于0.80m；当地层为冻结的碎块石或基岩时，可采用低温冲洗液钻进方法，回次进尺不宜大于0.30m。
4 冻土钻探的开孔直径不应小于130mm；终孔直径不宜小于110mm，且不应小于91mm。

5 当地表水或冻结层上水发育时，钻孔孔口应设置套管封水或采取其他止水措施。

6 钻探岩芯应及时进行鉴定和记录。

7 钻孔完成后应及时回填，对需要保留的观测孔、测温孔等功能性钻孔，应根据测试需求进行处理。

条文说明

冻土岩芯鉴定中需要明确冻土结构、含冰状态等冻土特征，在钻探过程中要保持岩芯冻结状态以便于准确鉴定，因此，钻探中尽量采用大孔径保证冻土在钻井过程中能够提取出冻结岩芯。

多年冻土地区钻探过程中，暖季地表水和冻结层上水发育，灌入孔内对钻探和取样工作造成不利影响，一方面由于水体热侵蚀易造成孔壁坍塌影响成孔质量，另一方面由于地表水与冻结层上水的侵入可能污染冻土岩芯对试验结果产生影响，因此，在钻探过程中要针对地表水或冻结层上水采取止水措施，防止其灌入钻孔内。

冻土岩芯在取出地表后易融化，从而影响岩芯的鉴定工作，因此，需要在钻探过程中严格进行跟班作业，取出岩芯后及时进行鉴定和记录，以保证钻探工作质量。

4.3.7 地球物理勘探设备及方法选择应符合下列规定：

1 地球物理勘察设备的选择，应选用适宜冻土地区高寒环境性能稳定的仪器，并做好仪器、设备的标定、检测、调试等工作。

2 地球物理勘探方法应根据冻土的物理特征、冻土类型和场地地球物理条件通过试验研究确定，宜采用综合地球物理勘探方法开展工作。

3 地球物理勘探测线、测点的布设应根据勘探目的、精度要求，结合场地条件和地球物理勘探方法特点综合确定，在场地条件复杂、冻土现场发育、冻土条件变化较大的区域应予以加密。

4 地球物理勘探成果的解译应结合场地条件、冻土特征、干扰因素等综合分析，宜结合钻探、挖探资料综合确定。

5 物探测线宜根据需要沿着路基中线布设纵测线，连续多年冻土段宜每500m布设1条横测线，岛状多年冻土区宜根据分布范围布设横测线，每一冻土段不宜少于1条横测线。

4.3.8 冻土工程地质勘察中取样应符合下列规定：

1 冻土试样可按表4.3.8进行分级。

2 测定冻土基本物理指标的土样应由地面以下0.5m开始逐层取样；季节活动层取样间距不应大于0.5m，多年冻土层取样间距应不大于1.0m；当土层厚度不足1m时，取样数量应不少于1个；遇冻土上限附近、含冰量变化大、地层岩性变化时，应加密取样。

3 测定冻土力学、热学指标时，取样应从原状岩芯、探坑或探槽上采取试样。

4 测定冻土基本物理、热物理性质指标的土样应不少于 1 个，测定冻土力学性质指标的土样应不少于 3 个。

5 应采集地表水和地下水样品进行水质分析。

表 4.3.8 冻土试样等级划分

级 别	冻融及扰动程度	试验内容
Ⅰ	保持冻结状态	土类定名、冻土物理力学及热学性质试验
Ⅱ	保持含水率并允许融化	土类定名、含水率、密度
Ⅲ	不受冻融影响并已扰动	土类定名、含水率

4.4 试验、测试与观测

4.4.1 冻土试验测试项目可根据工程设计需要按表 4.4.1 选用。

表 4.4.1 冻土试验测试项目

测 试 项 目	类 型			
	路堤	挖方边坡	桥涵地基	隧道
颗粒分析	●	●	●	●
总含水率	●	●	●	●
未冻水含量	○	○	○	○
密度	●	●	●	●
液限	●	●	●	●
塑限	●	●	●	●
体积含冰量	●	●	●	●
盐渍度	●	○	●	○
有机质含量	●	○	○	○
抗压强度	●	○	○	○
冻结抗剪强度	●	●	○	○
融化抗剪强度	●	●	○	○
切向冻胀力	○	○	●	○
水平冻胀力	●	●	●	○
比热容	○	○	○	●
导热系数	○	○	○	●
冻胀率	●	●	●	○
融沉系数	●	●	●	○
融化压缩系数	●	○	○	○

注："●"为必做项目，"○"为选做项目。

4.4.2 冻土的试验方法应符合现行《土工试验方法标准》（GB/T 50123）及《公路土工试验规程》（JTG 3430）的相关规定。当采用的试验方法无标准规定时，应说明试验方法、使用仪器及试验步骤。

4.4.3 冻土总含水率和密度应在现场直接采样进行测定，并符合下列规定：
1 冻土总含水率可使用土样盒和电子天平等设备，采用酒精燃烧法在现场测试。
2 冻土密度测试可使用排液桶和电子天平等设备，采用排液法测试，冻土样可采用塑料保鲜薄膜包裹，并快速完成测试。

4.4.4 当室内试验与工程实际相差较大或基础受力状态比较复杂，计算不准确且无成熟经验时，应根据工程设计需求开展原位测试工作，测试方法应符合国家和行业现行有关标准的规定。

4.4.5 当在多年冻土地基中进行原位测试时，应在测试过程中同时测量试验点地温。

4.4.6 冻土工程地质勘察应在典型地质地貌单元、重点工程、试验工程地段结合钻探设置地温观测孔，并符合下列规定：
1 多年冻土地温观测孔深度应不小于地温年变化深度，且不宜小于15m。
2 地温测量宜采用热敏电阻等测温元件，热敏电阻可采用万用表或数采仪测量，电阻测量精度应不低于10Ω，拟合的温度精度应不低于±0.1℃。
3 地温观测孔中测温元件应采用与测温元件尺寸相适宜的套管加以保护，套管与钻孔间的空隙应及时回填，回填材料宜使用干燥的砂砾。
4 地温观测孔中测温点应根据观测目的设定，测温点应自地表开始设置，季节活动层中测温点间距不宜大于0.50m，季节活动层深度至地温年变化深度测温点间距不宜大于1.0m。
5 地温观测应在钻孔完成后1个月后开展，观测频率不宜低于每月1次，连续观测时间不宜少于半年。

条文说明

多年冻土年平均地温（T_{cp}）为地温年变化深度处的温度，是多年冻土热稳定性关键指标和冻土地温分带的重要依据，因此，对于地温观测孔深度要求达到地温年变化深度。地温年变化深度与地层热物理性质、气象条件、地表植被条件、区域地热梯度等密切相关，实际上在各种外界条件的变化下严格的年较差为0℃的地温年变化深度是很难确定的。在实际工作中，一般认为从地表向下当年较差为0.1℃时的深度处的地温即为多年冻土年平均地温，在青藏高原多年冻土地区通常采用15~20m深度处的地温作为多年冻土年平均地温，因此，本条建议地温观测孔不宜小于15m。

本条中对于地温观测规定了基本要求，其目的是判定多年冻土年平均地温，在实际工作中要根据观测目的采用不同的观测频率，进行长期观测。地温观测孔完成后，孔内地温恢复需要一段时间，根据以往监测资料显示，地温恢复时间在不同地层、不同初始地温环境下通常需要20~40d左右，因此，本条规定在1个月后开展稳定观测，且连续观测次数为3~6次，其目的是保证观测数据准确可靠。

4.4.7 工程对冻土环境产生较大影响的地段，宜结合工程稳定性分析和冻土环境变化要素设置长期综合观测点，观测要素可包括下列内容：

1 气象、冻土地温、冻土上限、季节冻结深度、地下水位、融化下沉量、冻胀量、冻土环境变化特征等，监测频率结合需求确定。
2 工程建设和运营期间，工程构筑物的变形特征。
3 已建工程冻土地基地温场的变化特征与地基稳定状态。
4 所采用的各种防止冻胀、消除融沉等工程措施的适用性及效果。

4.4.8 观测设备和仪器应适用于多年冻土地区环境且性能稳定，宜采用自动化、数字化设备和仪器开展观测工作。

4.5 工程地质分区

4.5.1 多年冻土地区可根据地貌条件、冻土分布和特征及冻土物理力学指标，进行三级分区，反映区域冻土的工程地质条件和场地的复杂程度。

条文说明

为了能够更好地评价勘察区内的冻土区域分布规律和冻土工程地质特征，确定多年冻土地区公路工程在不同工程地质区段的设计原则，需进行勘察区内冻土工程地质分区。冻土具有较强的空间分异性和复杂性，如按照存在的时间划分，冻土划分为瞬时冻土、季节冻土和多年冻土三类；按照分布连续性划分，多年冻土划分为稀疏岛状多年冻土、岛状多年冻土、不连续多年冻土和连续多年冻土四类；按照含冰量划分，冻土划分为少冰冻土、多冰冻土、富冰冻土、饱冰冻土和含土冰层；按照冻土年平均地温划分，冻土划分为低温稳定冻土带、低温基本稳定冻土带、高温不稳定冻土带和高温极不稳定冻土带等。每种类型冻土在空间分布上均具有各自的特征和规律，且对气候变化和工程活动的响应存在显著的差异，对公路工程稳定性的影响具有较大差异，而不同的冻土类型对相应的多年冻土地区公路工程设计原则选择具有非常重要的作用，因此开展冻土工程地质分区是十分必要的。

4.5.2 第一级分区应反映下列内容：
1 多年冻土分布区域、范围和厚度。
2 多年冻土的年平均地温。

3 地貌单元如分水岭、山坡、河谷等的冻土形成和存在条件。
4 冻结沉积物的成因类型。
5 主要冻土现象。

4.5.3 第二级分区应在第一级分区的基础上反映下列内容：

1 各冻土类型的地质、地貌、构造等基本条件，冻土的岩性，地下冰的性质、分布及其所决定的冻土构造和埋藏条件。
2 多年冻土地温分带，可按表4.5.3划分。
3 多年冻土及融区的分布面积、厚度及其连续性。
4 季节冻结层及其与下伏多年冻土层的衔接关系。
5 各地带的冻土现象、年平均气温、地下水、雪盖及植被等基本特征。

表4.5.3 多年冻土地温分带

多年冻土地温分带		低温冻土带		高温冻土带	
		低温稳定冻土带	低温基本稳定冻土带	高温不稳定冻土带	高温极不稳定冻土带
多年冻土年平均地温 T_{cp}（℃）	二级及二级以下公路	$T_{cp} < -3$	$-3 \leq T_{cp} < -1.5$	$-1.5 \leq T_{cp} < -0.5$	$T_{cp} \geq -0.5$
	高速公路、一级公路	$T_{cp} < -3$	$-3 \leq T_{cp} < -1.8$	$-1.8 \leq T_{cp} < -1.0$	$T_{cp} \geq -1.0$

4.5.4 第三级分区应在第二级分区的基础上反映下列内容：

1 冻土的工程地质条件及自然条件，各工程地段冻土的含冰程度、物理力学性质和热学性质。
2 按冻土工程地质条件及其物理力学参数，划分不同的冻土工程地质分区地段。

4.6 工程地质评价

4.6.1 冻土工程地质评价应包括下列内容：

1 冻土的分布与发育特征的评价，包括冻土含冰类型、空间分布、上限、多年冻土年平均地温、成分、结构、厚度等。
2 冻土不良现象的分布与发育特征评价，包括冻土不良现象的类型、成因、发育规模、发育规律、动态变化等。
3 季节融化与季节冻结深度。
4 冻土物理力学性质和热学性质。
5 冻土变化与自然环境的关系评价，包括地表积雪、植被、水体、沼泽化、大气降水渗透作用、土体的含水率、地形等引起的冻土含冰量、冻土温度的变化。
6 冻土变化与人为活动关系的评价，包括工程建设和运营等引起的冻土工程地质条件变化及诱发的冻土现象变化的预测与评价。

7 路线走廊内工程容量的评价。

8 提出冻土工程病害的防治、冻土环境保护的工程措施建议。

4.6.2 各类多年冻土可按表4.6.2的规定进行分类。

表4.6.2 多年冻土分类

冻土类型	土的类别	总含水率 w (%)	融化后的潮湿程度
少冰冻土	粉黏粒含量≤15%粗颗粒土（包括碎石类土，砾、粗、中砂，以下同）	$w<10$	潮湿
	粉黏粒含量>15%粗颗粒土	$w<12$	稍湿
	细砂、粉砂	$w<14$	
	粉土	$w<17$	
	黏性土	$w<w_p$	坚硬
多冰冻土	粉黏粒含量≤15%粗颗粒土	$10\leq w<15$	饱和
	粉黏粒含量>15%粗颗粒土	$12\leq w<15$	潮湿
	细砂、粉砂	$14\leq w<18$	
	粉土	$17\leq w<21$	
	黏性土	$w_p\leq w<w_p+4$	硬塑
富冰冻土	粉黏粒含量≤15%粗颗粒土	$15\leq w<25$	饱和出水（出水量小于10%）
	粉黏粒含量>15%粗颗粒土		饱和
	细砂、粉砂	$18\leq w<28$	
	粉土	$21\leq w<32$	
	黏性土	$w+w_p\leq w<w_p+15$	软塑
饱冰冻土	粉黏粒含量≤15%粗颗粒土	$25\leq w<44$	饱和出水（出水量为10%~20%）
	粉黏粒含量>15%粗颗粒土		饱和出水（出水量小于10%）
	细砂、粉砂	$28\leq w<44$	
	粉土	$32\leq w<44$	
	黏性土	$w_p+15\leq w<w_p+35$	流塑
含土冰层	碎石类土、砂类土、粉土	$w>44$	饱和出水（出水量为10%~20%）
	黏性土	$w>w_p+35$	流塑

注：w_p为塑限。

4.6.3 地基土体的冻胀和融沉特性评价应根据工程地质勘察、冻土物理力学试验、冻胀试验资料等进行综合评价；当试验资料不足时，也可根据工程经验，参考下列规定进行评价：

1 季节冻结层与季节融化层土体的冻胀性分级评价可根据土的平均冻胀率按表4.6.3-1划分为不冻胀、弱冻胀、冻胀、强冻胀和特强冻胀五级。

2 多年冻土的融沉分级评价可根据冻土融沉系数按表4.6.3-2划分为不融沉、弱融沉、融沉、强融沉和融陷五级；多年冻土的融沉性可按表4.6.3-3判别。

表 4.6.3-1 季节活动层的冻胀性分级

土 的 类 别	冻前天然含水率 w（%）	冻前地下水位距设计冻深的最小距离 h_w（m）	平均冻胀率 η（%）	冻胀等级	冻胀类别
碎（卵）石，砾砂、粗砂、中砂（粒径小于0.075mm颗粒含量均不大于15%），细砂（粒径小于0.075mm颗粒含量不大于10%）	不饱和	不考虑	$\eta \leq 1$	I	不冻胀
	饱和含水	无隔水层时	$1 < \eta \leq 3.5$	II	弱冻胀
	饱和含水	有隔水层时	$\eta > 3.5$	III	冻胀
碎（卵）石，砾砂、粗砂、中砂（粒径小于0.075mm颗粒含量均大于15%），细砂（粒径小于0.075mm颗粒含量大于10%）	$w \leq 12$	> 1.0	$\eta \leq 1$	I	不冻胀
		≤ 1.0	$1 < \eta \leq 3.5$	II	弱冻胀
	$12 < w \leq 18$	> 1.0			
		≤ 1.0	$3.5 < \eta \leq 6$	III	冻胀
	$w > 18$	> 0.5			
		≤ 0.5	$6 < \eta \leq 12$	IV	强冻胀
粉砂	$w \leq 14$	> 1.0	$\eta \leq 1$	I	不冻胀
		≤ 1.0	$1 < \eta \leq 3.5$	II	弱冻胀
	$14 < w \leq 19$	> 1.0			
		≤ 1.0	$3.5 < \eta \leq 6$	III	冻胀
	$19 < w \leq 23$	> 1.0			
		≤ 1.0	$6 < \eta \leq 12$	IV	强冻胀
	$w > 23$	不考虑	$\eta > 12$	V	特强冻胀
粉土	$w \leq 19$	> 1.5	$\eta \leq 1$	I	不冻胀
		≤ 1.5	$1 < \eta \leq 3.5$	II	弱冻胀
	$19 < w \leq 22$	> 1.5			
		≤ 1.5	$3.5 < \eta \leq 6$	III	冻胀
	$22 < w \leq 26$	> 1.5			
		≤ 1.5	$6 < \eta \leq 12$	IV	强冻胀
	$26 < w \leq 30$	> 1.5			
		≤ 1.5	$\eta > 12$	V	特强冻胀
	$w > 30$	不考虑			

续表4.6.3-1

土的类别	冻前天然含水率 w（%）	冻前地下水位距设计冻深的最小距离 h_w（m）	平均冻胀率 η（%）	冻胀等级	冻胀类别
黏性土	$w \leq w_p + 2$	>2.0	$\eta \leq 1$	I	不冻胀
		≤2.0	$1 < \eta \leq 3.5$	II	弱冻胀
	$w_p + 2 < w \leq w_p + 5$	>2.0			
		≤2.0	$3.5 < \eta \leq 6$	III	冻胀
	$w_p + 5 < w \leq w_p + 9$	>2.0			
		≤2.0	$6 < \eta \leq 12$	IV	强冻胀
	$w_p + 9 < w \leq w_p + 15$	>2.0			
		≤2.0	$\eta > 12$	V	特强冻胀
	$w > w_p + 15$	不考虑			

注：1. 冻前天然含水率（w）为季节活动层内含水率的平均值（%）。
2. 盐渍化冻土不在表列。
3. 塑性指数大于22时，冻胀性降低一级。
4. 小于0.005mm粒径含量大于60%时，为不冻胀土。
5. 当碎石类土的充填物大于全部质量的40%时，其冻胀性按充填土的类别判定。

表4.6.3-2 多年冻土融沉性分级

融沉系数 δ_0（%）	$\delta_0 \leq 1$	$1 < \delta_0 \leq 3$	$3 < \delta_0 \leq 10$	$10 < \delta_0 \leq 25$	$\delta_0 > 25$
融沉等级	I	II	III	IV	V
融沉性类别	不融沉	弱融沉	融沉	强融沉	融陷

表4.6.3-3 多年冻土的融沉性判别

土的名称	总含水率 w（%）	平均融沉系数 δ_0（%）	融沉等级	融沉类别
碎（卵）石，砾砂、粗砂、中砂（粒径小于0.075mm颗粒含量均不大于15%）	w<10	$\delta_0 \leq 1$	I	不融沉
	w≥10	$1 < \delta_0 \leq 3$	II	弱融沉
碎（卵）石，砾砂、粗砂、中砂（粒径小于0.075mm颗粒含量均大于15%）	w<12	$\delta_0 \leq 1$	I	不融沉
	12≤w<15	$1 < \delta_0 \leq 3$	II	弱融沉
	15≤w<25	$3 < \delta_0 \leq 10$	III	融沉
	w≥25	$10 < \delta_0 \leq 25$	IV	强融沉

续表 4.6.3-3

土的名称	总含水率 w (%)	平均融沉系数 δ_0 (%)	融沉等级	融沉类别
粉砂、细砂	$w < 14$	$\delta_0 \leq 1$	Ⅰ	不融沉
	$14 \leq w < 18$	$1 < \delta_0 \leq 3$	Ⅱ	弱融沉
	$18 \leq w < 28$	$3 < \delta_0 \leq 10$	Ⅲ	融沉
	$w \geq 28$	$10 < \delta_0 \leq 25$	Ⅳ	强融沉
粉土	$w < 17$	$\delta_0 \leq 1$	Ⅰ	不融沉
	$17 \leq w < 21$	$1 < \delta_0 \leq 3$	Ⅱ	弱融沉
	$21 \leq w < 32$	$3 < \delta_0 \leq 10$	Ⅲ	融沉
	$w \geq 32$	$10 < \delta_0 \leq 25$	Ⅳ	强融沉
黏性土	$w < w_p$	$\delta_0 \leq 1$	Ⅰ	不融沉
	$w_p \leq w < w_p + 4$	$1 < \delta_0 \leq 3$	Ⅱ	弱融沉
	$w_p + 4 \leq w < w_p + 15$	$3 < \delta_0 \leq 10$	Ⅲ	融沉
	$w_p + 15 \leq w < w_p + 35$	$10 < \delta_0 \leq 25$	Ⅳ	强融沉
含土冰层	$w \geq w_p + 35$	$\delta_0 > 25$	Ⅴ	融陷

注：盐渍化冻土、泥炭化冻土、腐殖土、高塑性黏土不在表列。

4.6.4 不良冻土现象评价应包括下列内容：

1 对热融湖（塘）、热融洼地和热融滑塌、融冻泥流等以融化过程为主的不良冻土现象，应描述不良冻土现象的成因、规模、分布范围、发育规律、发展趋势及其与公路的空间关系，评价其对公路的影响程度，分析和预测不良冻土现象的发生、发展对公路工程稳定性的影响。

2 对冻胀丘、冰锥等以冻结过程为主的不良冻土现象，应描述不良冻土现象的成因、规模、分布范围、发育规律、发展趋势及其与公路空间关系，评价冻胀丘、冰锥对公路路基的影响，对泉冰锥演变为冰幔的影响范围及对公路稳定性和行车安全的影响进行预测和评价。

3 对冻土沼泽应描述其成因、发育规模、分布范围、植被特征、季节变化特征及其与公路的空间关系，评价冻土沼泽软弱地基的承载能力，分析和预测季节冻结过程、季节融化过程对公路工程稳定性的影响。

4.6.5 生态环境评价应调查与分析公路建设和运营期间自然条件变化和人类工程活动对生态环境的影响，以及冻土环境变化对公路工程稳定性的影响，评价应包括下列内容：

1 描述既有工程对生态环境的影响和恢复特征，以及影响生态环境恢复的因素。

2 分析拟建工程施工和运营期间引起的地表植被、工程地质条件、水文及水文地质条件变化及地下冰暴露等对生态环境的影响。

3 预测公路工程施工和运营可能引起的多年冻土环境变化及其对生态环境可能产生的影响，提出应采取的对策。

4 提出公路工程施工和运营中应注意的环境保护问题和措施建议。

条文说明

冻土区生态环境极为脆弱，一旦破坏将难以恢复。同时，生态环境变化将引起冻土发育状况变化，从而对工程稳定性造成影响。因此，在冻土工程地质评价中需注意评价工程建设对生态环境的影响。

5 一般路基设计

5.1 一般规定

5.1.1 路基设计应收集公路沿线气候、水文、地形地貌、地质、地震、筑路材料等资料，做好沿线地质、路基填料勘察试验工作，查明多年冻土分布特征、工程性质、有关物理力学等参数。改扩建公路设计还应收集既有公路路况、病害调查及当地路基病害防治资料。

5.1.2 路基设计应考虑地表水、地下水对多年冻土的不利影响，设置完善的防排水系统和防冻害设施，以及必要的路基防护工程。

5.1.3 一般路基填料宜采用卵石土、碎石土或石渣，不得采用冻土及富含腐殖质的草炭土、泥炭土和草皮。

5.1.4 路基设计应考虑多年冻土地区生态环境特征，加强环境保护，路基两侧200m内不得随意取土。

5.1.5 路基取土场、弃土场设计应统一规划、集中设置。

条文说明

多年冻土地区环境脆弱，自然环境改变后恢复困难，设置取土场、弃土场会改变自然植被、地貌、地表水径流等环境，如果近距离设置在公路两侧，可能会造成公路两侧积水、路基基底渗水、路基下多年冻土温度明显升高，造成路基的沉陷等多种病害。本次修订，结合多年冻土地区环境特征，要求取土场、弃土场集中设置。

5.2 设计原则

5.2.1 低温冻土带或少冰冻土、多冰冻土地段的路基可按一般路基设计；高温冻土带或富冰冻土、饱冰冻土、含土冰层、冰锥、冻胀丘、冻土沼泽、热融湖（塘）等地段的路基应按特殊结构路基设计。

5.2.2 一般路基设计应根据冻土状况、路基路面尺度，充分考虑冻土与路基间的能量平衡过程，采用保护冻土、控制融化速率或允许融化的设计原则。

5.2.3 低温冻土带多年冻土层厚度大于2m或多年冻土层下限大于4m的路段，应采用保护冻土的设计原则；当多年冻土为少冰冻土或多冰冻土时，也可采用控制融化速率的设计原则。

5.2.4 对多年冻土层厚度不大于2m或多年冻土层下限不大于4m的路段，宜采用允许融化的设计原则。

5.2.5 融区宜按季节冻土区设计，融区与多年冻土区交界处应设置过渡段。

5.3 基底处理

5.3.1 填方路段路基基底处理应综合考虑地表植被状况、水系分布情况、腐殖层厚度等因素，处治地基达到承载力要求后填筑路堤，并应符合下列规定：
1 按保护冻土或控制融化速率设计的路段，应清除超过地面20cm以上植被茎叶并保留地表草皮，宜填筑砂、砂砾、碎石、块石等粒状材料并压实。
2 按允许融化设计的路段，可挖除地表层后采用砂、砂砾、碎石等粒状材料填压；低洼积水路段宜采用块石填压。

5.3.2 路堑及零填挖路段的路基基底应进行超挖换填，路床下超挖换填深度应根据冻土含冰量、最小保护层厚度、季节融化层最大冻深确定，且换填厚度不宜小于80cm，换填材料应符合下列规定：
1 低含冰量冻土路基基底，宜换填砂、砂砾、碎石等粗颗粒填料。
2 高含冰量冻土路基基底，宜换填块石。

5.3.3 新建公路护道、护脚基底处理应采用与路基基底相同的填筑材料、处治方式，且应同步施工。

5.3.4 积水、热融湖（塘）、冻土沼泽等路段的地基处理，应符合下列规定：
1 积水路段，宜先排除坑内积水，再抛石挤淤。
2 小型热融湖（塘）路段，可抛石稳定地基，片石层顶面宜高出最高水位0.5m。
3 冻土沼泽路段，应抛石挤淤。高纬度地区冻土沼泽，应先清除超过地面20cm以上植被茎叶并保留表土或地表草皮，然后抛石挤淤。
4 规模较大冻土沼泽、热融湖（塘）路段，宜采用桥梁跨越。

5.4 路床

5.4.1 路床填料的选择应考虑冻结层中含水率及填料的冻胀敏感性等因素。宜采用砂砾等粗粒土作填料。

5.4.2 路床加固应考虑土质、降水量、地下水类型及埋藏深度、加固材料来源等因素，对就地碾压、换土或土质改良、设置土工合成材料等加固措施进行综合比选后确定。

5.5 填方路基设计

5.5.1 按保护多年冻土或控制多年冻土融化速率原则设计时，一般路基最小填土高度计算值可按式（5.5.1）确定：

$$H_0 = 0.05\Delta t - 1.1h_t^0 + 4.79 \tag{5.5.1}$$

式中：Δt——多年冻土路基设计使用年限；

h_t^0——设计时的冻土天然上限（m），由现场勘察或长期地温观测确定。

条文说明

路基越高，热阻越大，其下多年冻土融沉量越小。因此，存在一个路基最小高度，使得其下人为冻土上限不低于天然上限。

式（5.5.1）由青藏公路多年以来的科研和工程的大量数据拟合而来，因此主要适用于青藏高原高海拔多年冻土地区，东北大、小兴安岭等其他地区路基可结合当地工程数据参考使用。

路基的修建改变了冻土与环境的热交换条件，打破了原有的热平衡状态。沥青路面阻断了地层与大气间的通路，使路面下的蒸发散热大大减少，造成路基中蓄热增加。热量的不断蓄积会导致多年冻土活动层逐年增厚、人为上限下移、冻土地温不断上升，最终产生融沉变形。在气候变化背景下，多年冻土地区路基变形的主要特征是融沉大变形且持续发展。针对这一现象，为了使路基融沉防控标准有据可依，合理考虑工程安全要求和工程投资的平衡，对多年冻土路基设计使用年限做出规定是有必要的。

5.5.2 新建公路路基的设计临界高度 H_s 可按下列规定确定：

1 低温多年冻土地区路基设计临界高度 H_s 可按式（5.5.2-1）确定：

$$H_s = M\frac{\lambda_u}{\lambda_{f0}}H_R + s \tag{5.5.2-1}$$

$$H_R = 0.05\Delta t - 1.1h_t^y + 4.79 \tag{5.5.2-2}$$

式中：M ——冻土类型修正系数，按表（5.5.2-1）确定；
λ_u ——路堤填料在融化状态下的导热系数 [W/(m·K)]，由试验测定。根据对青藏公路和青海省共和至玉树公路路基填料的测试结果，其数值一般介于 1.4~2.3W/(m·K)，压实度大时取大值；
λ_{f0} ——青藏高原地区一般碎石土在冻结状态下的导热系数，取值为 1.923W/(m·K)；
H_R ——路基合理高度计算值（m）；
s ——季节融化层压缩沉降量（m），可采用分层总和法计算。由青藏公路的计算发现，s 与路基高度密切相关，路基高度为 1m 时，约为 1cm，路基高度为 4m 时，约为 5cm；
h_t^y ——预测的路基设计年限末的冻土天然上限（m），可按现有冻土天然上限和退化速率线性外插得到。根据青藏高原的观测结果，冻土退化速率一般在 0.02~0.03m/年，天然冻土上限一般在 0.9~2.5m。

表 5.5.2-1 冻土类型修正系数 M 取值范围

冻土类型	少冰、多冰冻土	富冰冻土	饱冰冻土	含土冰层
M	0.6~0.7	0.9~1.0	1.1~1.2	1.25

2 高速公路和一级公路分离式路基、二级及二级以下公路路基，一般路基设计临界高度 H_s 参考值也可按表 5.5.2-2 选取，且不宜超过 6m。

表 5.5.2-2 一般路基设计临界高度 H_s 参考值（m）

冻土地温分区	冻 土 类 型	临界高度参考值
低温冻土带	少冰、多冰冻土	1.5~2.0
	富冰、饱冰、含土冰层	2.5~3.5
高温冻土带	少冰、多冰冻土	2.0~2.5
	富冰、饱冰、含土冰层	应采用特殊结构路基

注：表中较低含冰量取临界高度参考值下限，较高含冰量取上限。

3 高速公路和一级公路整体式路基少冰冻土、多冰冻土路段设计临界高度 H_s 可按 2.5~3.0m 控制，且不宜超过 6m；富冰冻土、饱冰冻土及含土冰层路段应采用特殊结构路基或以桥代路。

条文说明

冻土路基下多年冻土的融化是路基产生沉降变形的主要原因。提高路基设计高度可以增加热阻，有利于路基的热稳定，减少热融造成的路基整体下沉、波浪变形、横向扭曲等病害。但路基高度过高，也易形成融化夹层或非对称性融化盘，造成路基的整体倾斜变形、路基（肩）或边坡的纵向裂缝与滑塌等病害。

路基最小高度是针对设计年限时的冻土天然上限而言的，受气候变暖等因素的影响，冻土天然上限是变化的。考虑到这一点，针对新建路基规定了路基合理高度的概念。

根据冻土工程能量平衡原则，不同尺度下的路基吸热量有明显不同，设计临界高度要充分考虑路基尺度、冻土类型、地温等多种因素的影响。冻土路基设计临界高度是在路基合理高度计算值基础上确定的，实际设计值要大于设计临界高度。

为便于理解本条路基设计临界高度的计算方法，以青海省共和至玉树公路某分离式路基设计为例进行说明。该处路基为高速公路分离式路基，2012年设计时钻探确定的冻土天然上限为2.2m，类型为少冰、多冰冻土。设计计算过程如下：

(1) 计算设计年限末的冻土天然上限。

根据勘察资料，2012年的冻土天然上限为2.2m；根据国道214沿线多年冻土观测资料，冻土上限退化速率取为0.023 2m/年；路基设计年限取为50年，有：

$$h_t^y = P_t(y - y_0) + h_{y_0} = 0.023\ 2 \times (2\ 062 - 2\ 012) + 2.2 = 3.36(\text{m})$$

(2) 确定路基合理高度计算值。

根据式 (5.5.2-2) 有：

$$H_R = 0.05\Delta t - 1.1h_t^y + 4.79 = 0.05 \times 50 - 1.1 \times 3.36 + 4.79 = 3.79(\text{m})$$

(3) 确定路基设计临界高度。

少冰、多冰冻土路段，根据表5.5.2-1，取M为0.6，根据导热系数试验测试，$\lambda_u = 1.628\text{W/(m·K)}$，$s$取4cm，根据式 (5.5.2-1) 有：

$$H_s = M\frac{\lambda_u}{\lambda_{f0}}H_R + s = 0.6 \times \frac{1.628}{1.923} \times 3.79 + 0.04 = 1.96(\text{m})$$

(4) 根据上述计算，该处路基设计临界高度大于1.96m，且满足本条第3款路基设计临界高度小于6m的规定。

5.5.3 低温多年冻土地区改扩建公路路基设计临界高度H_g可按式 (5.5.3-1) 确定：

$$H_g = M\frac{\lambda_u}{\lambda_{f0}}H_0 + KP\phi\Delta tm + s \quad (5.5.3-1)$$

$$P = \frac{\Delta h}{\Delta y} \quad (5.5.3-2)$$

$$\Delta h = h_a - h_t - h \quad (5.5.3-3)$$

式中：K——气温修正系数，可按表5.5.3-1取值；

P——旧路下多年冻土平均融化速率（m/年），根据当地观测资料取值，缺乏观测资料时可按表5.5.3-2取值；

Δh——沥青路面下多年冻土人为上限下降值（m）；

h_a——路基下多年冻土人为上限（m）；

h_t——计算断面的天然上限（m）；

h——勘探年路基高度（m）；

Δy——道路竣工至勘探的时间（年）；

ϕ——冻土融化速度衰减系数，$\phi = 1/\ln\Delta y$；

m ——填土当量换算经验系数，可按表 5.5.3-3 取值。

表 5.5.3-1 气温修正系数 K

气温（℃）	>−3.0	−3.0	−4.0	−5.0	<−5.0
K	1.5	1.2	1.0	0.8	0.75

注：表中数值可插值。

表 5.5.3-2 旧路下多年冻土平均融化速率 P（m/年）

路基高度（m）	年平均地温（℃）				
	−0.5	−1.0	−1.5	−2.0	−3.0
1.0	0.199	0.147	0.099	0.070	—
2.0	0.198	0.134	0.084	0.047	—
3.0	0.186	0.112	0.060	0.016	—
4.0	0.174	0.098	0.034	—	—

表 5.5.3-3 填土当量换算经验系数 m

冻土类型	适用条件		m
	路基现高度 h（m）	上限下降值 Δh（m）	
含土冰层	3.8~3.0	0.4~1.2	1.0~5.0
饱冰冻土	2.4~2.8	0.8~1.6	1.0~2.5
富冰冻土	1.8~2.0	0.8~1.8	1.0~2.0

注：设计时，现路基低者，上限下降值大者，m 取大值。

5.5.4 平坦地段，当路堤实际填土高度大于路基设计临界高度时，冻土路堤典型横断面结构应符合下列规定：

1 地表排水条件较好时，路堤下部可采用当地细粒土填筑，上部宜采用粗粒土填筑。粗粒土填筑厚度应不小于 0.5m，防止冻胀翻浆。

2 地表排水条件较差时，宜采用粗粒土填筑路堤。当采用细粒土填筑时，下部应设毛细水隔断层，其厚度应保证在路堤工后沉降完成后隔断层高出最高积水水位不少于 0.5m。

5.5.5 平坦地段，当路堤实际填土高度不大于路基设计临界高度时，冻土路堤典型横断面结构应符合下列规定：

1 高含冰量多年冻土较薄且埋藏较浅时，可全部挖除换填，其结构可按图 5.5.5-1 设计。换填应选用保温、隔水性能较好的黏性土或块石。

2 高含冰量多年冻土较厚时，可部分挖除换填，其结构可按图 5.5.5-2 设计。换填应选用保温、隔水性能较好的黏性土或块石。换填深度与路堤高度之和应不小于路基设计临界高度（H_s 或 H_g）与天然上限之和。

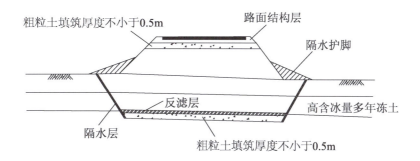

图 5.5.5-1 全部换填断面

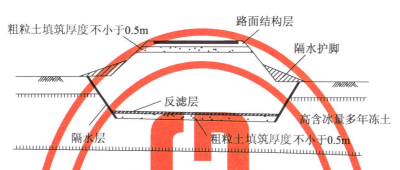

图 5.5.5-2 部分换填断面

5.5.6 当路堤实际填土高度大于 6m 时，应根据冻土路基热稳定性、冻融作用下的边坡稳定性等因素进行专项设计，并可与桥梁方案进行比选。

5.5.7 在坡度缓于 1:5 的缓坡地段，宜以路堤形式通过，基底不宜挖台阶；缓坡地段路堤结构可参考平坦段路堤结构设计，并在其上方一侧合适位置设置挡水埝或截水沟，下方一侧坡脚设置宽 2.0~3.0m、高 1.0~2.0m 反压护道。

5.5.8 按控制融化速率设计时，不同冻土地质条件应分段采用不同的多年冻土人为上限下降允许值，该值可按表 5.5.8 确定。路基设计临界高度 H_g 可按本规范第 5.5.3 条确定。

表 5.5.8 不同冻土类型的人为上限下降允许值

地基多年冻土类型	人为上限下降允许值（m）
含土冰层	0.15~0.20
饱冰冻土	0.50~0.75
富冰冻土	1.00~1.50

5.5.9 路堤边坡坡度应根据当地的工程地质与水文地质条件、路基高度、填料的物理力学性质、施工方法、地貌形态等因素综合确定。边坡坡度宜采用 1:1.5~1:1.75。在富冰冻土、饱冰冻土和含土冰层等路段，细粒土层中天然含水率较高时，边坡坡度宜放缓至 1:1.75~1:2.0。

5.6 低填浅挖及零填挖断面结构设计

5.6.1 路基设计应充分考虑所在路段的水文、地质和多年冻土含冰量等条件，并应进行不同处治方案的经济与技术可行性比较。不宜采用路基填土高度小于0.5m和开挖深度小于0.5m的低填浅挖及零填挖断面路基设计方案。

条文说明

多年冻土地区的低填浅挖及零填挖断面地段是最容易产生融沉、冻胀和冰害的地段，为了保护冻土要尽量避免低填浅挖及零填挖断面。但为了满足公路工程路线技术标准的要求，此类路段仍会出现，因此要尽量减少或缩短其数量或长度。

5.6.2 路基下多年冻土中的富冰冻土、饱冰冻土、含土冰层等高含冰量冻土厚度不大，且埋藏深度小于或等于3.5m时，宜采用全部清除换填的路基设计方案，如图5.6.2所示。换填底部应填筑不少于0.5m厚的水稳定性好的透水层，并做好基底的纵向排水和边坡防护。

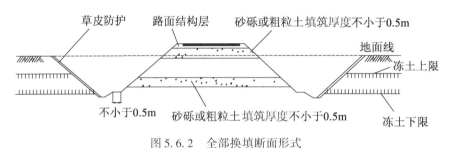

图5.6.2 全部换填断面形式

5.6.3 路基下多年冻土中的富冰冻土、饱冰冻土、含土冰层等高含冰量冻土厚度较大，埋藏深度超过区域冻土上限平均埋深，全部清除换填困难且不经济时，可采取部分换填的保护多年冻土路基设计方案，如图5.6.3所示。路基高度与换填深度之和不应小于路基设计临界高度与天然上限之和。换填材料应选用保温和隔水性能好的黏性土或设置隔热层等保温隔热层。路床应设置厚度不小于0.5m的水稳性好的粗颗粒土；基底应设置厚度不小于0.5m的砂砾或粗颗粒土毛细水隔断层。

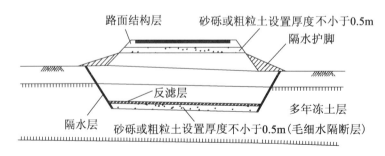

图5.6.3 基底部分换填断面形式

5.6.4 三级及三级以下公路，路基下多年冻土层中的含冰量较小且埋藏较深，采取部分换填设计方案无法保持路基稳定时，可按允许融化多年冻土原则设计。

5.7 路堑设计

5.7.1 路堑设计应考虑区域气候条件和冻土条件，遵循保护多年冻土的设计原则。

条文说明

开挖路堑由于将多年冻土直接暴露在大气中，造成夏季的热融沉陷、边坡滑塌，冬季路基路面冻胀。当有地下水存在时，还会出现边坡挂冰、涎流冰上路等病害。因此需遵循保护多年冻土的原则进行路堑设计。

5.7.2 路堑设计应包括换填隔热设计和支挡结构防护设计。富冰冻土、饱冰冻土及含土冰层等高含冰量地段的路堑，应采取基底部分或全部换填，以及坡面保温等措施。

5.7.3 换填隔热设计应包括确定断面形式和处理措施、计算边坡隔热层和换填厚度、验算边坡稳定性和基底强度。采用的断面形式和处理措施应避免多年冻土受外界热扰动及水侵蚀。断面形式可参考图5.7.3-1和图5.7.3-2设计。换填隔热设计具体应符合下列规定：

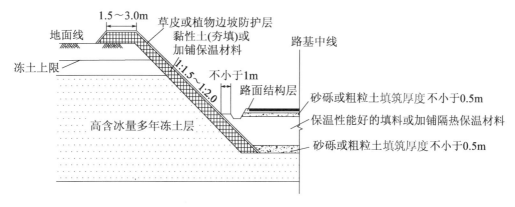

图5.7.3-1 部分挖除多年冻土换填的路堑断面形式

1 全部挖除多年冻土换填时，换填厚度及结构要求应符合相关规定；部分换填时，换填厚度应不小于路基设计临界高度与天然上限之和，换填材料宜采用当地碎石、砾石、黏性土等材料或换填片、块石。路堑边坡宜采用黏性土夯填并在表层铺砌草皮，边坡坡度宜采用1:1.5~1:2.0。

2 路堑设计中边坡防护、基底换填均应满足保温隔热的要求。基底换填厚度可按式（5.7.3）计算：

$$h_T = k \cdot \frac{\lambda_0}{\lambda_t} \cdot h_t \tag{5.7.3}$$

式中：h_T——设计边坡防护厚度或基底换填厚度（m）；

k——安全系数，设计边坡保温层时，取 1.2～1.5；设计基底换填时，取 1.5～2.0；

λ_0——所选用保温材料或换填材料的导热系数 [W/(m·K)]，若为多层材料则依据热阻等效原则计算平均导热系数，即：

$$\lambda_0 = h_T / \left(\frac{h_1}{\lambda_1} + \frac{h_2}{\lambda_2} + \cdots + \frac{h_n}{\lambda_n}\right)$$

h_n——若边坡防护或基底换填为多层材料，则分别对应各层材料的厚度；$n = 1, 2, \cdots$；

λ_n——各层材料的导热系数 [W/(m·K)]；$n = 1, 2, \cdots$；

h_t——当地天然上限（m）；

λ_t——当地季节融化层融化状态下平均导热系数 [W/(m·K)]。

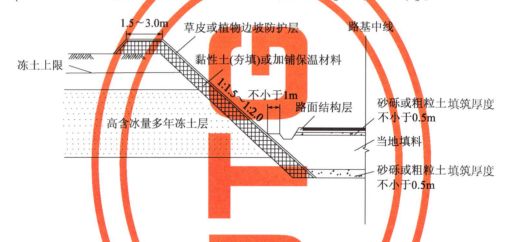

图 5.7.3-2 全部挖除多年冻土换填的路堑断面形式

3 当计算边坡或基底换填的保温隔热厚度过大造成施工不便或不经济时，可在边坡或基底铺设隔热材料。基底铺设隔热材料时，宜在其底部设置一定厚度的砂垫层；边坡铺设隔热材料时，应预留泄水孔。

4 边坡稳定性与基底强度要求应符合现行《公路路基设计规范》（JTG D30）的规定。

5.7.4 路堑坡顶宜采取设置截水沟、挡水埝等措施，防止上方自然坡面地表水危害边坡。

5.7.5 路堑边沟应设置防渗隔断层。采用浅宽边沟时，沟底宜采用"两布一膜"等复合土工膜铺砌防水。

5.7.6 深路堑断面可采用上保下挡的支挡形式。支挡结构类型宜采用钢筋混凝土 L 形挡土墙或锚杆锚定板挡土墙，如图 5.7.6 所示。设计时应考虑挡土墙在水平冻胀力作用下的稳定性，并应满足路堑边坡冻土保护措施设置要求，挡土墙基础应埋置于稳定后的人为上限以下 0.3~0.5m 或落于基岩上。

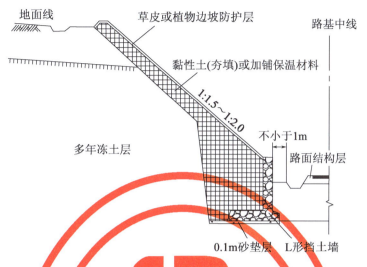

图 5.7.6 上保下挡路基横断面类型

5.8 路基防排水设计

5.8.1 路基地表排水设施设计应考虑地表水文条件、地形、冻土类型等因素，宜远离路基坡脚。严禁在路基坡脚附近设置可能造成积水的地表排水设施。

条文说明

公路路基的修建，改变了地表水流的自然状态。当公路工程排水设施不良（如地表排水不畅、排水沟堵塞、沟壁及沟底渗漏等）时，往往造成路堤坡脚或路堑截水沟积水，产生沿基底的横向渗透、路堑边坡渗水及路基土过度潮湿等现象。由于多年冻土地区的降水集中在气温较高的 6—9 月，水中积蓄了较多的热量，当水渗入和透过路基路面及基底时，因其放热和基底冻土的吸热而产生的热交换，促使冻土融化。冬季又因气候严寒，地基土中的水冻结体积膨胀，导致路基产生融沉、冻胀及边坡滑塌等病害。因此，路基地表排水设施宜远离路基坡脚。

5.8.2 地表排水设施结构应抗冻融、安全耐久、经济合理、对地表破坏小、施工快捷，便于检查、养护、维修和更换，地表排水结构设计应符合下列规定：
1 宜使用干砌片石、预制拼装等结构排水设施。
2 土质排水设施宜用于二级及以下公路、汇水量较小路段。
3 铺草皮的排水设施宜用于路基汇水较小、纵坡较小的路段。
4 现浇混凝土的排水设施宜用于路基汇水集中或纵坡较大的路段。

条文说明

干砌片石结构抗冻融变形能力强；预制拼装结构内壁光滑不易堵塞，养护工作量少，适用于多年冻土地区。

铺草皮结构施工简单，在原地表开挖后覆盖草皮，与原地貌环境自然协调性好，但稳定性较差，排水能力较差，只适用于汇水较小、冲刷不严重的路段。

现浇混凝土结构排水设施采用现场浇筑，在多年冻土地区具有结构稳定性高，抗变形能力强的特点。但需注意在开挖断面、混凝土浇注过程中产生水化热对多年冻土的扰动，使用时需提高混凝土强度等级，注重混凝土低温、早强性能。

5.8.3 常年性深部构造断层裂隙水在冻土层中溢出时，不应改变水的原有通道，应设保温渗沟或考虑设桥涵通过。

5.8.4 应加强沿线涎流冰的调查，采取设置挡冰墙等措施防治涎流冰。

5.8.5 路基侧沿坡脚的积水无法与排水沟连通排离时，应回填积水坑，或设置防水护道。积水距护道坡脚、路堤坡脚或路堑堑顶的距离应符合下列规定：
1 少冰、多冰冻土地段不宜小于5m。
2 富冰、饱冰冻土地段不宜小于8m。
3 含土冰层地段不宜小于10m。
4 沼泽湿软地段不宜小于8m。

5.8.6 边沟断面形式及尺寸应根据地形地质条件、边坡高度及汇水面积等确定，边沟沟底纵坡宜与路线纵坡保持一致，不宜小于0.3%。土质边沟应采取措施防治由于反复冻融循环和冻胀引起的边沟两侧崩塌和雨水冲刷导致的严重下渗。浆砌片石等刚性边沟应采取措施防止冻胀和不均匀沉降引起的开裂和损毁。垭口路堑和冻胀严重路段，宜采用宽浅的干砌边沟或U形预制拼装边沟，其下应设置20cm厚的砂砾层，并在砂砾层中增设"两布一膜"复合土工膜。

5.8.7 路基地表排水沟宜采用宽浅形式，也可采用梯形断面或三角形断面。排水沟断面尺寸应根据地表径流设计，底宽不宜小于0.6m，深度不宜大于0.4m。边坡坡度宜采用1:1，当为泥炭时宜采用1:0.5~1:1，当为软塑及流塑状的黏性土、含一定数量黏性土的粗粒土时宜采用1:1.5~1:2。

5.8.8 排水沟位置和坡度应与桥涵或天然河沟相通。纵坡过大时宜采用草皮或干砌片石加固；采用干砌片石加固时，其两侧与底部应铺设"两布一膜"复合土工膜。

5.8.9 路基地形一侧较高或挖方边坡一侧的山坡汇水面积较大时，宜在路基上方一侧 10m 以外设置挡水埝；路基两侧地势相对平坦，路线纵坡平缓，路线线位相对较低时，可设置连续挡水埝，挡水埝与涵洞和排水沟应顺接。挡水埝的顶宽宜不小于 1.0m，高度宜不小于 0.8m，内侧边坡坡率宜为 1:0.5～1:1，外侧宜为 1:1.5～1:2。

5.8.10 土质松散并夹有较多的碎（砾）石的山坡地段，挡水埝易因渗漏而产生基底冻胀、涎流冰、边坡坍（滑）塌等病害时，应加强地表防渗漏（流）和防冲刷处理。易冲刷的地段，可加大挡水埝尺寸并加固铺砌。对雨（雪）水易流动的未风化碎砾石坡面，除设置挡水埝外，也可在挡水埝外侧坡面下一定深度增设一层防水土工膜。

5.8.11 对路基有危害的地下水，应根据地下水类型、水量、积水和地层情况，选用渗沟等措施，并应符合下列规定：

1 采用渗沟排除地下水时，渗沟及检查井均应采取保温措施。
2 渗沟出水口的位置应选在地势开阔、高差较大、纵坡较陡、向阳、避风等处，并采用掩埋式椎体或其他形式的保温措施。
3 路堑边坡有地下水出露时，应在边坡上采取保温引排措施。
4 水文地质条件复杂易产生冻害地段，渗沟的排水孔应设在冻结深度以下不小于 0.25m 处。
5 截水沟的基底宜埋入隔水层内不小于 0.5m。
6 边坡渗沟、支撑渗沟的基底宜设置在含水层以下较为坚实的土层上。

5.9 挡土墙设计

5.9.1 位于横坡陡于 1:5 的斜坡上的路基，路基边坡过高或与公（道）路、输油管、光缆等建筑物相互干扰的路基，可设置支挡结构物收缩坡脚，并应符合下列规定：

1 挡土墙类型选择应综合考虑工程地质、水文地质、冲刷深度、荷载作用、环境和施工条件，以及工程造价等因素，宜采用预制拼装工艺施工的轻型、柔性结构，不宜采用重力式浆砌片石挡土墙。
2 多年冻土地区挡土墙设计应注重基础埋设的条件和设计荷载的计算。勘察阶段应对挡土墙地基基础进行综合地质勘察，查明地基地质条件和地基承载能力；设计阶段应分析预测挡土墙对冻土环境产生的影响，确定必要的冻土环境保护方案和植被恢复措施；施工阶段应采用合理的施工方法，减少对冻土环境和相邻路基的不利影响。其他内容可按现行《公路路基设计规范》（JTG D30）的有关规定执行。
3 当需要减少水平冻胀力时，可采用柔性结构挡土墙，或采取墙背设渗水土、保温材料隔热层，并在最下一排泄水孔下设黏性土或复合土工膜隔水层。

5.9.2 挡土墙扩大基础宜采用混凝土拼装基础或桩基础，扩大基础埋设深度应不小于工点处多年冻土天然上限的 1.3 倍。扩大基础埋置于高含冰量冻土中时，基础底面下应铺设0.5m厚砂石垫层,垫层应宽出基础底面各边0.5m,在高含冰量冻土中不宜采用现浇混凝土基础。在低温冻土中采用灌注桩时,宜采用低温早强混凝土。

5.9.3 挡土墙的设计荷载除计算土压力外,尚应考虑作用在基础上的冻胀力和墙背上的水平冻胀力。水平冻胀力与土压力应按寒季和暖季分别进行计算,水平冻胀力和土压力不应叠加,其计算应符合下列规定:

1 作用于墙背的主动土压力作用范围应根据多年冻土人为上限位置确定。当墙背融土足够厚,破裂面可在融土内形成时,可按库仑理论计算;当墙背融土较薄,破裂面不能在融土内形成时,应结合多年冻土人为上限计算破裂面,取冻融界面上的内摩擦角和黏聚力计算土压力,当冻融界面确定困难时,也可按库仑理论计算。

2 冻融界面上的黏聚力和内摩擦角应由试验确定。无试验资料时,可参考表5.9.3取值。

表5.9.3 土冻融交界面抗剪强度指标 c、φ 的设计参考值

土的类型	黏聚力 c(kPa)	内摩擦角 φ(°)
细颗粒土	10~15	10~15
砂类土	—	15~20
碎、砾石土	—	20

5.9.4 刚性挡土墙稳定性计算应符合下列规定:

1 在墙背水平冻胀力及主动土压力作用下仅能发生整体平移或转动时,墙身的挠曲变形可忽略不计。

2 当无冻胀力作用时,挡土墙稳定性验算应采用土压力作为主要荷载。

3 当墙背无水平冻胀力时,各参数可按下列方法计算:

1)挡土墙的自重 G 可按式(5.9.4-1)计算:

$$G = \frac{1}{2}(a+b)(H+L)\gamma \quad (5.9.4\text{-}1)$$

式中:a——挡土墙顶宽(m);
b——挡土墙基础宽(m);
L——挡土墙埋深(m);
H——挡土墙地面以上部分高(m);
γ——挡土墙重度(kN/m³)。

2)主动土压力 E_a 按式(5.9.4-2)计算:

$$E_a = \frac{1}{2}\gamma_d (H+L)^2 \lambda_a \quad (5.9.4\text{-}2)$$

$$\lambda_a = \frac{\cos^2(\varphi-\theta)}{\cos^2\theta\cos(\theta+\delta)\left[1+\sqrt{\frac{\sin(\varphi+\delta)\sin(\varphi-\alpha)}{\cos(\theta+\delta)\cos(\theta+\alpha)}}\right]^2} \quad (5.9.4\text{-}3)$$

式中：γ_d——填土的重度（kN/m³）；

φ——填土的内摩擦角（°）；

θ——墙背和竖直线间的夹角（°），以竖直线为基准，逆时针为正；

α——填土与水平面间的夹角（°），水平面以上为正；

δ——墙背与填土之间的摩擦角（°），其值一般取为 $\left(\dfrac{1}{3} \sim \dfrac{2}{3}\right)\varphi$。

3）挡土墙稳定力矩 M_q 可按式（5.9.4-4）计算：

$$M_q = \gamma(H+L)\dfrac{2b^2 + 2ab - a^2}{6} \tag{5.9.4-4}$$

4）挡土墙绕墙体前趾倾覆力矩 M_a 可按式（5.9.4-5）计算：

$$M_a = \dfrac{1}{3}(H+L)E_a \tag{5.9.4-5}$$

5）挡土墙抗倾覆安全系数 K_0 可按式（5.9.4-6）计算：

$$K_0 = \dfrac{M_q}{M_a} = \dfrac{\gamma(2b^2 + 2ab - a^2)}{2E_a} \tag{5.9.4-6}$$

6）墙背土压力沿墙高的分布 P_z 可按式（5.9.4-7）计算：

$$P_z = \dfrac{dE_a}{dz} = \dfrac{d}{dz}\left[\dfrac{1}{2}\gamma_d\dfrac{(H+L)^2}{Z}\lambda_a\right] = \gamma_d\dfrac{H+L}{Z}\lambda_a \tag{5.9.4-7}$$

式中：Z——深度（m），从墙顶算起。

4 考虑水平冻胀力作用时，各参数可按下列方法计算。墙背的水平冻胀力的大小和分布，应由现场试验确定。

1）挡土墙绕墙体前趾倾覆的力矩 M_a 可按式（5.9.4-8）计算：

$$M_a = \dfrac{1}{3}(H+L)\sigma_h \tag{5.9.4-8}$$

式中：σ_h——水平冻胀力，沿墙高呈三角形分布，数值应通过试验确定，缺乏资料时可按表5.9.4取值。

2）稳定力矩 M_q 可按式（5.9.4-9）计算：

$$M_q = \gamma(H+L)\dfrac{2b^2 + 2ab - a^2}{6} \tag{5.9.4-9}$$

3）抗倾覆安全系数 K_0 可按式（5.9.4-10）计算：

$$K_0 = \dfrac{M_q}{M_a} = \dfrac{\gamma(2b^2 + 2ab - a^2)}{2\sigma_h} \tag{5.9.4-10}$$

表5.9.4 水平冻胀力标准值

冻胀类别	Ⅰ	Ⅱ	Ⅲ	Ⅳ	Ⅴ
冻胀量 Δh_f（cm）	$\Delta h_f \leq 2$	$2 < \Delta h_f \leq 5$	$5 < \Delta h_f \leq 12$	$12 < \Delta h_f \leq 22$	$\Delta h_f > 22$
水平冻胀力标准值（kPa）	<50	50~100	100~150	150~200	200~250

条文说明

关于作用于墙背的水平冻胀力的大小和分布，现有观测资料较少。根据《冻土地区建筑地基基础设计规范》（JGJ 118—2011）第 8.2 节的规定，墙后填土为粗颗粒土时，可假定水平冻胀力为直角三角形分布。根据对青藏高原挡土墙的实际观测，水平冻胀力的标准值与冻胀等级有关，缺乏资料时可按表 5.9.4 取值。

为便于理解考虑水平冻胀力时多年冻土地区挡土墙稳定性计算过程，这里以青海省共和至玉树公路多年冻土路段 K581+730~K581+795 处路堤挡土墙为例，加以说明。该处路堤挡土墙为仰斜式，墙高 4~7m，计算中取 5m，墙顶宽 2.35m，墙底宽 4.85m，墙身重度取 25kN/m³。

（1）作用于该挡土墙的水平冻胀力：

根据表 5.9.4，水平冻胀力标准值取为 120kPa，水平冻胀力的大小：

$\sigma_h = 0.5 \times 120 \times 5 = 300$（kN/m）

（2）该挡土墙绕墙体前趾倾覆力矩 M_a：

$$M_a = \frac{1}{3}(H+L)\sigma_h = \frac{1}{3} \times 5 \times 300 = 500 \text{（kN）}$$

（3）该挡土墙稳定力矩 M_q：

$$\begin{aligned} M_q &= \gamma(H+L)\frac{2b^2+2ab-a^2}{6} \\ &= 25 \times 5 \times \frac{2 \times 4.85 \times 4.85 + 2 \times 2.35 \times 4.85 - 2.35 \times 2.35}{6} \\ &= 1\,340 \text{（kN·m/m）} \end{aligned}$$

（4）该挡土墙抗倾覆安全系数 K_0：

$$K_0 = \frac{M_q}{M_a} = \frac{1\,340}{500} = 2.68 > 1.5$$

满足《公路路基设计规范》（JTG D30—2015）第 5.4.3 条的要求。

5.10 过渡段设计

5.10.1 多年冻土地区路基应在下列交界处设置过渡段：
1 融区与多年冻土区交界处。
2 不同冻土类型、不同工程措施交界处。
3 路基纵向填、挖交界处。
4 路基横向填、挖交界处。
5 路基与桥（涵）交界处。

5.10.2 融区与多年冻土区过渡段路基设计应按多年冻土段设计。融区路基设计应以防治冻胀为主，在多年冻土区应以防治融沉为主；过渡段路基填土高度不宜小于 1.5m，路堤底部宜设置毛细水隔断层，公路沿线石料丰富时可采用片、块石路基。过渡段长度不宜小于20m，且不宜大于50m。

5.10.3 高含冰量冻土不同地温过渡段，低温段应按相对高地温段要求设计。高含冰量冻土与少冰、多冰冻土过渡段，应分别按高含冰量冻土的要求设计。过渡段长度不宜小于20m，且不宜大于50m。

5.10.4 填挖过渡段路基纵向过渡段设计中，挖方段应进行基底换填，换填厚度按本规范第5.7.3条确定，并将挖方段设计方案向填方过渡延伸；在填方段路基中宜设置隔热层。填方段换填基底除应与挖方段换填基底顺接外，尚应设置沿路线纵向的排水坡，向路堤填方方向排水。

5.10.5 当地表横坡大于1:3时，路基基底应开挖台阶，台阶纵断面方向长度应不小于200cm，横断面方向应不小于100cm，台阶高度应不小于30cm，并设置2%向内倾斜的横坡。路基实际填土高度应满足填方段路基设计高度的要求，当不满足时，可在路面结构层下合适位置设置隔热层，其厚度不宜小于6cm。

5.10.6 路基与桥（涵）过渡段，桥（涵）背应设置厚度不小于6cm的隔热层，路基宜采用弱冻胀与弱融沉性的砂砾类土或渗水性较好的材料回填，粒料的粉黏粒含量应不大于5%；高含冰量冻土地段的过渡段宜采用片块石回填。过渡段的路基填料、压实度和沉降量等尚应符合其他相关规定。过渡段路基设计长度不宜小于20m，且不宜大于50m。

5.11 边坡护道、护脚设计

5.11.1 多年冻土地区路基宜在下列位置设置边坡护道、护脚：
1 路基两侧易积水的地势平坦地段、山坡坡脚洼地处。
2 水草地或冻土沼泽等地表水丰富地段。
3 高含冰量多年冻土埋藏较浅处。

条文说明

边坡护道、护脚对于路基温度场和水分场影响主要体现在横向范围的扩大，同时考虑到护道对于坡脚的加固作用，修建边坡护道、护脚后能有效增加路侧积水与路基的间距，降低因路侧积水而引起的路基病害。因此，在地势较为平坦、边坡坡脚易积水的多年冻土路段使用护道，是一种防治冻土边坡病害的有效措施。

5.11.2 边坡护道、护脚可采用泥炭、草皮、黏性土或其他保温隔水性能良好的当地材料。采用砂砾、粗颗粒土或其他易渗水性材料时,表面应覆盖0.2m厚的黏性土保护层或加铺防水土工织物。

5.11.3 边坡护道宽度宜为2~3m,严重积水路段宽度不宜小于5m。边坡护道高度宜为1.0~2.0m,积水路段应高出积水位不小于0.5m。边坡护道应设置向外2%~4%的横坡。边坡护道或护脚尺寸可按表5.11.3取值,典型断面结构如图5.11.3-1、图5.11.3-2所示。

表5.11.3 边坡护道或护脚尺寸(m)

路堤高度	采用护道或护脚	高 度	宽 度
≤3	护脚	0.8~1.2	2.0~2.5
>3	护道	1.0~2.0	2.0~3.0

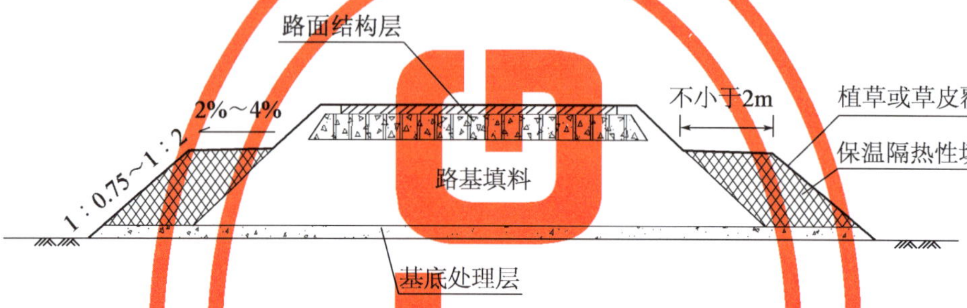

图5.11.3-1 边坡护道

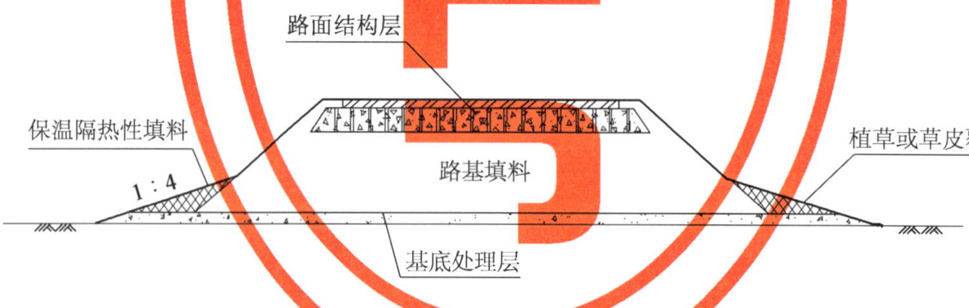

图5.11.3-2 边坡护脚

5.12 取土场、弃土场设计

5.12.1 取土场、弃土场应适当远离路线,分段集中设置,并应满足环境保护的要求。

5.12.2 取土场宜设置于路基坡脚以外至少200m处。不宜在富冰冻土、饱冰冻土、含土冰层地带及植被发育良好地段设置取土场。

5.12.3 取土场位置应根据地形、地质和地表排水条件等确定,并应符合下列规定:

  1 宜选择在植被稀疏的低含冰量地段和独立丘陵、山包等荒地。
  2 斜坡设置取土场且路堤也位于斜坡上时，取土场宜设置在路堤上侧山坡。
  3 取土、取料宜分析论证诱发风蚀、崩塌、滑坡和泥石流的可能性。
  4 河道取砂砾料应符合河道管理的有关规定。

5.12.4 弃土场宜选择储量大的地形低洼地，并应符合下列规定：
  1 弃土场宜选择在不易受水流冲刷的荒沟、荒地、低产田地设置，不宜设置在林草地、基本农田，以及泥石流沟、冲沟上游。
  2 弃土场应不影响河流、沟谷、排灌沟渠的行洪与灌溉功能，不得影响周边公共设施、工业企业、居民点等的安全。
  3 路堑外侧设置弃土场时，弃土场宜设置在路堑段山坡下侧低处100m以外，不宜在路堑顶部或路堑段山坡上侧设置弃土场。

5.12.5 取土场、弃土场应采取必要的排水、防护和绿化措施，防止水土流失。

5.13 施工便道设计

5.13.1 施工便道设计应永临结合，减少对冻土环境的干扰和破坏。遵循环境保护与公路主体相结合、永久工程与临时工程并重、预防为主与防治结合的原则。

5.13.2 施工便道宜设置在低含冰量路段，填土高度不宜小于0.7m，并做好临时防排水。

5.13.3 取土场、弃土场应设置专用施工便道。

6 特殊结构路基设计

6.1 一般规定

6.1.1 多年冻土地区特殊结构路基设计应符合下列规定：

1 当按一般路基设计方法确定的路基高度超过3.5m时，或因特殊原因一般填土路基不能满足保护冻土要求时，应采用特殊结构路基。

2 高温高含冰量（富冰、饱冰、含土冰层）多年冻土地区，按保护冻土原则设计时，应采用特殊结构路基。

条文说明

青藏公路整治改建工程实践证明，采用抬高路基的方式能够有效地保持多年冻土上限稳定，有效根治融沉、波浪等低路基病害。但同时填土路基高度过高，又会产生纵向裂缝、侧向倾斜等高路基病害。因此，当路基高度超过3.5m时，需采用特殊结构路基。

此外，由于路基高度和走向、地形坡向等原因，导致部分路段路基阴阳坡效应十分显著。这种显著的阴阳坡效应将导致阳坡侧路基温度高于阴坡侧路基，冻土退化速率呈现明显的两极分化。路基两侧不均匀的冻土退化将导致融化盘向阳坡侧偏移，诱发不均匀沉降。因此，需要采用特殊结构路基，维持冻土地基热量的均匀扩散与分布，保持冻土路基的热稳定性。

6.1.2 特殊结构路基在功能上可分为导冷、阻热、调温三大类；在结构类型上可分为隔热层路基、块石路基、通风管路基、热棒路基，以及以上类型相互组合的复合结构路基。

6.1.3 特殊结构路基设计应结合公路等级、路基尺度、当地气候条件、冻土环境等，遵循冻土工程能量平衡原则，合理确定单一结构或复合结构的路基方案，并进行控制冻土地温、控制冻土上限的"双控"效果及经济性比较。

6.1.4 多年冻土地区二级及二级以下公路宜采用隔热层路基、块石路基、通风管路基、热棒路基等单一结构类型；一级公路、高速公路宜采用复合结构类型。

6.1.5 低填浅挖、路堑、过渡段及不良冻土现象等路段，应结合路段地形地貌特点、冻土环境、工程地质和水文地质条件等进行特殊结构路基设计，防护工程、防排水等应进行专门设计。

6.1.6 当地形限制，特殊结构路基不能解决工程稳定性与安全性问题，或特殊结构路基工程造价较大时，应采用以桥代路设计方案。

6.2 隔热层路基

6.2.1 隔热层路基宜用于低温低含冰量多年冻土路段，可按图 6.2.1 设计；下列路段宜采用隔热层路基：
1 受路线纵坡控制，路基高度小于路基临界高度或路基设计高度大于 3.5m 的路段。
2 低填浅挖、路堑及翻越垭口路段。
3 融化盘偏移导致不均匀沉降或诱发其他路基病害的路段。

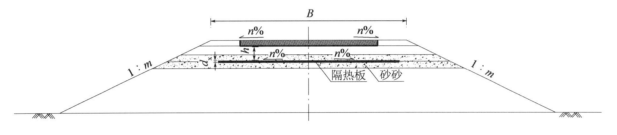

图 6.2.1 隔热层路基设计示意图

6.2.2 隔热层路基宜采用高强度工业隔热材料，导热系数宜小于 0.025W/(m·K)，吸水率宜小于 0.5%，密度宜大于 43kg/m³，抗压强度宜大于 580kPa。

6.2.3 隔热层路基厚度应按式（6.2.3）确定，高速公路和一级公路分离式路基、二级及以下公路路基铺设厚度不宜小于 60mm；高速公路和一级公路整体式路基铺设厚度不宜小于 80mm。

$$d_{x} = \frac{d_{s} \cdot \lambda_{x}}{\lambda_{s}} \tag{6.2.3}$$

式中：d_x, d_s ——隔热层与等效土体的厚度（m）；
λ_x, λ_s ——隔热层与等效土体的导热系数 [W/(m·K)]。

6.2.4 隔热层埋设深度应按式（6.2.4）确定：

$$\frac{2pd}{d + 2h_z \tan\Phi} + h_z \gamma_s \leq [\sigma] \tag{6.2.4}$$

式中：p——轮胎压强（MPa）；
　　　d——单轮传压面当量圆直径（m）；
　　　γ_s——隔热层以上各结构层重度加权平均（MN/m³）；
　　　Φ——隔热层以上各结构层应力扩散角加权平均值（°）；
　　　h_z——隔热层合理埋深（m）；
　　　$[\sigma]$——隔热层板材容许压应力（MPa）。

6.2.5 隔热层宽度应大于路面宽度，宜在路面宽度范围外两侧各加宽不小于0.6m；隔热层应与路基采用相同的横坡，上下宜设置中粗砂铺筑层，厚度应不小于0.2m。

6.2.6 隔热层上结构层最小压实厚度与压路机最大接触应力及隔热层材料容许压应力的关系应符合式（6.2.6-1）的规定。压路机的最大接触应力与结构层极限强度（σ_p）应符合式（6.2.6-2）的规定，不同结构层极限强度可按表6.2.6确定。

$$\frac{\sigma_{max}d}{d+2h_s\tan\Phi}+h_s\gamma_s \leq [\sigma] \quad (6.2.6\text{-}1)$$

$$\sigma_{max}=(0.8\sim0.9)\sigma_p \quad (6.2.6\text{-}2)$$

式中：σ_{max}——压路机最大接触应力（MPa）；
　　　h_s——隔热层上结构层最小压实厚度（m）；
　　　σ_p——隔热层上结构层极限强度（MPa）。

表6.2.6 结构层极限强度

结构层类型	极限强度 σ_p（MPa）	结构层类型	极限强度 σ_p（MPa）
砂土路基	0.3～0.6	碎石路基	3.8～5.5
亚黏土路基	0.6～1.0	砾石路基	3.0～3.8
黏土路基	1.0～1.5	水泥稳定土路基	5.0～6.3

条文说明

目前使用的隔热材料其强度还不能满足车辆荷载直接作用在其上的要求，其上结构层太薄隔热层容易被压坏，太厚又不能满足压实要求。根据结构层在被压实过程中传递到隔热层上的压应力小于隔热层的容许压应力，即控制压路机的接触应力和结构层自重应力叠加后不大于隔热层容许压应力，隔热材料不致被压坏变形的要求，隔热层上进行压实时要求有一个最小结构层厚度，既满足压实要求又不致隔热层被压坏。

要想得到高质量的压实效果，就必须有一定的接触应力，而隔热层的容许压应力又是有限的。因此，需要以这两个条件来控制，才能既使结构层被压密实，又保证隔热层密度不致增加、变薄而降低隔热效果。

根据前期研究成果，压路机的最大接触应力与结构层极限强度的关系为$\sigma_{max}=(0.8\sim0.9)\sigma_p$时，能得到最好的压实效果。

6.2.7 隔热层路基应设置过渡段，沿隔热层路基向两端外延，长度应不小于10m。铺筑结构应符合本规范第6.2.5条的规定。

6.3 块石路基

6.3.1 块石路基宜用于低温高含冰量多年冻土路段，或路线通过地下水、地表水、冻土沼泽发育路段的新建和改扩建工程。

6.3.2 冻土路基用块石材料应综合考虑块石的强度、抗风化和抗冻能力，以及粒径大小、洁净度等，保证块石层孔隙率。严禁使用软质岩、易熔岩、膨胀性岩及遇水易崩解的石料。

6.3.3 冻土路基用块石材料单轴饱和抗压强度不应小于30MPa，压碎值不应大于25%，长细比不宜大于3，并应符合表6.3.3的规定。

表6.3.3 块石材料粒径与块石层厚度

公路等级	块石粒径（mm）	块石层厚度（m）
高速公路及一级公路整体式路基	300~400	≥1.5
其他	200~300	≥1.2

条文说明

块石层中自然对流是利用温度场的不均匀性，从而引起密度的不均匀性，并在重力作用下产生浮力而引起的，没有温度差就意味着没有热交换，就没有流体的流动。因此，块石厚度、规格在满足力学要求的前提下，还需要满足导热、强制对流换热和自然对流换热等要求。室内试验表明，当块石粒径在150~300mm时，块石层的导流换热效率达到最优。然而青海省共和至玉树公路建设表明，由于现场石料、破碎工艺等原因，路用块石材料粒径难以满足150~300mm的要求，一般采用200~400mm。因此在总结工程经验和试验研究的基础上，提出了本条要求。

6.3.4 块石路基结构如图6.3.4所示。应根据路基高度、路面结构层厚度等合理确定块石层铺筑层位，宜高出原地面以上0.3~0.5m。

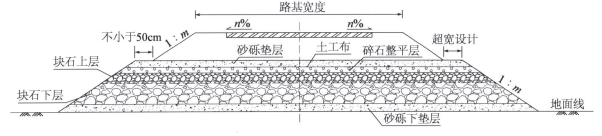

图6.3.4 块石路基结构示意图

6.3.5 块石应分两层设置，上层设计厚度宜为0.2~0.5m，宜采用粒径为100~150mm的块石；下层设计厚度不宜小于1.0m，宜采用粒径为200~400mm的块石。

6.3.6 块石层底部宜设置0.3~0.5m厚的砂砾下垫层；顶部宜设置土工布及碎石整平层，厚度宜为0.2~0.3m。

条文说明

块石层路基在进行压实时，底部石料易在机械势能作用下压入地基土体中，一方面引起块石之间的较大距离的移动错位，另一方面细颗粒土体填充空隙，堵塞气流与水分通道。本次修订针对上述情况，提出在块石层底部宜铺设0.3~0.5m厚的砂砾下垫层等辅助防护结构，避免块石层性能损失。

6.3.7 块石层应超宽设计，一级公路、高速公路整体式路基两侧超宽宽度均不宜小于1.0m，二级及二级以下公路两侧超宽宽度均不宜小于0.5m。

6.4 通风管路基

6.4.1 通风管路基宜用于路基高度大于2m的高温多年冻土路段，路基走向宜垂直或近于垂直主风向。

6.4.2 通风管的管径与材质应符合下列规定：
1 通风管宜采用钢筋混凝土预制管，标准管节长度不宜小于3.0m。
2 通风管内径应不小于路基高度的1/8，高速公路和一级公路分离式路基、二级及二级以下公路路基不宜小于0.4m，高速公路和一级公路整体式路基不宜小于0.6m；配筋和管壁厚度应根据力学计算确定。
3 通风管混凝土抗压强度等级不得低于C30。

6.4.3 通风管设置间距宜根据现场工程试验确定的有效冷却半径确定，且应小于2倍通风管外径。

6.4.4 通风管路基结构如图6.4.4所示，通风管设置层位应根据路基高度、当地主导风向与风速、地表径流、风沙及积雪等自然因素综合确定，并应符合下列规定：
1 通风管的管顶距路床顶面不应小于0.5m。
2 通风管与地表距离不宜小于0.5m，底部应设置不小于30cm的中粗砂垫层，顶部应铺设0.1~0.2m厚的中粗砂垫层。
3 通风管两端伸出路基边坡长度应大于0.2~0.4m。

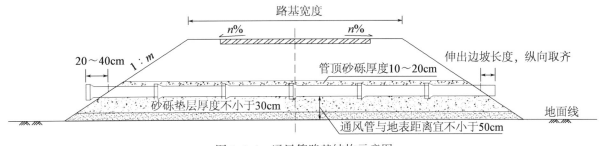

图 6.4.4 通风管路基结构示意图

6.4.5 可采用透壁式或强制弥散式通风管等类型，也可加装导风口或自动温控风门，保证路基结构效能。

6.4.6 在风沙严重路段，通风管路基应采取相应的防沙措施，或改进通风管结构形式，防止风沙堵塞通风管。

6.5 热棒路基

6.5.1 热棒路基宜用于高温低含冰量路段，并应结合冻土工程地质条件综合确定。

6.5.2 热棒设计类型如图6.5.2所示，工质宜采用液氨，管壳宜采用碳钢或不锈钢，使用寿命不宜小于30年。热棒的规格和尺寸应根据冻土路基的能量需求和冻土工程地质条件，按本规范第6.5.7条计算确定。

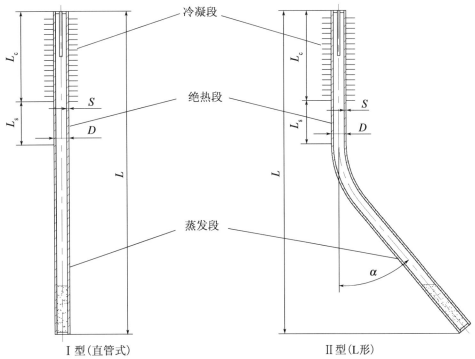

图 6.5.2 热棒形状示意图

D-基管外径(mm)；L_c-冷凝段长度(m)；L_s-绝热段长度(m)；L-热棒高度(m)；S-基管公称壁厚(mm)；α-弯曲角(°)

6.5.3 热棒路基结构如图 6.5.3 所示，设计应符合下列规定：

1 热棒蒸发端宜置于多年冻土上限以下 1.0~2.5m。

2 热棒的有效作用半径应根据当地气候条件、冻土地温、土体的导温系数等，通过数值模拟分析和试验工程确定，青藏高原地区宜取 2.0m。

3 热棒的纵向间距应根据热棒的有效冷却半径确定，不宜大于 2 倍有效冷却半径。

4 热棒倾角的确定应综合考虑制冷效果、交通安全和热棒防撞等因素。仅考虑制冷效果时，斜插式热棒和 L 形热棒蒸发段的倾角宜为 60°~90°。

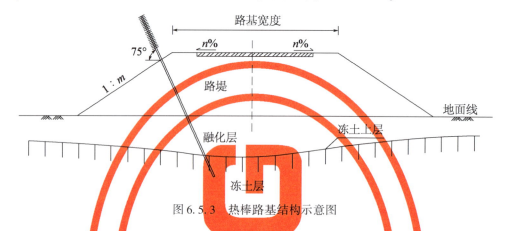

图 6.5.3　热棒路基结构示意图

6.5.4 热棒设置可采用单侧热棒、双侧热棒方式，其适用范围应符合下列规定：

1 单侧热棒宜用于多年冻土地区公路路基由于融化盘偏移所引起的不均匀沉陷、纵向裂缝等病害的预防和治理。

2 双侧热棒宜用于高温不稳定多年冻土地区路段预防路基由于吸热引起的融沉变形。

6.5.5 热棒设置应符合下列规定：

1 单侧热棒应沿路基纵向均匀布设；双侧热棒应在路基两侧沿纵向错位间隔布置，如图 6.5.5-1 所示。

2 热棒应设置在路肩、中央分隔带处，如图 6.5.5-2~图 6.5.5-5 所示。

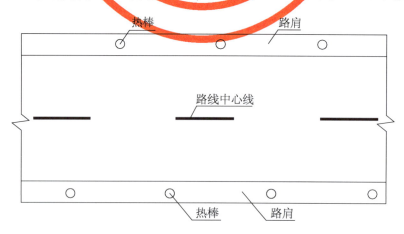

图 6.5.5-1　双侧热棒的错位间隔布置示意图

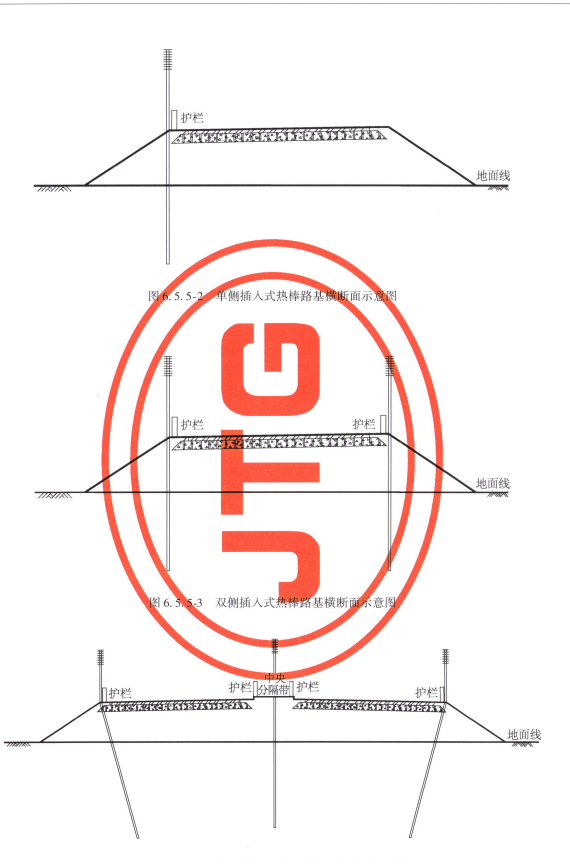

图 6.5.5-2　单侧插入式热棒路基横断面示意图

图 6.5.5-3　双侧插入式热棒路基横断面示意图

图 6.5.5-4　双侧三列插入式热棒路基横断面示意图

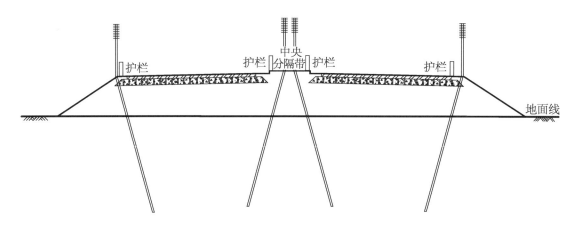

图 6.5.5-5 双侧四列插入式热棒路基横断面示意图

6.5.6 插入式热棒路基的附属设施应符合下列规定：

1 应在热棒路基路肩处设置防撞护栏，热棒与防撞护栏的距离宜大于35cm。防撞护栏一般情况下可选A级，局部危险路段可选SB级，且应符合现行《公路交通安全设施设计规范》（JTG D81）的有关规定。

2 热棒路基长度超过1km时，应设置防眩板。防眩板可采用冷轧薄钢板，并应贴覆有反光膜。防眩板宜固定于地面上70cm处，板高宜小于90cm。

6.5.7 热棒的结构选型应符合下列规定：

1 热棒型号应根据冻土工程能量平衡原则，按现行《热棒》（GB/T 27880）进行选择。

2 热棒年散热量 Q_D 应按式（6.5.7-1）计算：

$$Q_D = L \cdot \rho_d \cdot w_i \cdot A \quad (6.5.7\text{-}1)$$

式中：L——相变潜热，$L = 334\text{kJ/kg}$；

ρ_d——土体干密度（kg/m^3）；

w_i——含冰量（%）；

A——融化盘面积（m^2），可由现场试验数据确定；缺乏现场试验数据时可按式（6.5.7-2）计算：

$$A = \frac{2}{3}lh_m \quad (6.5.7\text{-}2)$$

l——路基底面宽度（m）；

h_m——路基下冻土每年融化深度的最大值（m），应由现场试验确定；缺乏现场试验时，可结合勘察资料由数值计算方法确定。

3 应根据年散热量 Q_D 和已有设计经验，按现行《热棒》（GB/T 27880）初选热棒直径、长度、散热器面积、翅片数目等参数。

4 应计算初选单根热棒的年设计传热量 Q_a。

5 热棒的能量平衡验算应满足式（6.5.7-3）的要求；不能满足时，应重新选择热棒型号，计算年设计传热量，验算能量平衡，直至满足。

$$Q_a \geq \frac{K_t s_t Q_D}{n} \tag{6.5.7-3}$$

式中：s_t——热棒间距（m）；

n——横断面上的热棒根数，对于单侧热棒，$n=1$；对于双侧热棒，$n=2$；对于3列热棒，$n=3$；对于4列热棒，$n=4$；

K_t——安全系数。

6 应按公路等级选取热棒路基的安全系数 K_t，二级及二级以下公路可取 1.1~1.3，高速公路和一级公路可取 1.3~1.5。

6.6 复合结构路基

6.6.1 高温高含冰量路段采用单一特殊结构路基不能满足工程热稳定性要求时，应结合冻土环境、工程地质条件、气候等因素，采用"阻热+导冷""阻热+调温""导冷+调温"等类型的复合结构路基，并与以桥代路方案进行经济性能综合比选后确定。

条文说明

单一特殊结构路基在多年冻土地区二级及二级以下公路新建、改扩建工程中发挥了重要作用。但近年来，随着全球气候不断升温、人类工程活动不断加强，单一特殊结构路基降温效能已经难以保持高温高含冰量地区多年冻土稳定，特别是不能满足大尺度路基的热力稳定性要求。

为满足大尺度路基的热力稳定性要求，青海省共和至玉树公路、花石峡至大武公路等工程建设期间，针对单一特殊结构路基降温效能不足的问题，基于单一措施"导、阻、调"的热量传导与平衡方式，提出了"阻热+导冷""阻热+调温""导冷+调温"等多种类型的复合结构路基，工程效果明显。

6.6.2 复合结构路基设计应充分考虑降温效能的均衡，采用冻土工程能量平衡原则选择合适的工程结构形式控制冻土地温和上限，避免由于能量失衡诱发路基冻胀或融沉病害。

条文说明

青海省共和至玉树公路、花石峡至大武公路工程建设表明，目前在多年冻土地区效果显著的复合结构路基有热棒+保温板路基、热棒+块石路基、通风管+块石路基等结构类型。

6.6.3 复合结构路基设计应根据不同工程结构形式特点,在保证冷却效果均衡的前提下,确定各复合结构路基最优的结构参数与设计参数。

7 沥青路面设计

7.1 一般规定

7.1.1 沥青路面设计应考虑多年冻土地区气温低、降温速率快、昼夜温差大、日照强烈、紫外线辐射强、冻土路基不均匀融沉变形等特殊使用条件，以及有效施工期短、施工温度低、养生条件有限等特殊施工条件。

7.1.2 沥青路面设计应收集沿线气温、降水量、冻结深度、冻土类型等气候、水文、地质资料，调查交通量、交通组成、轴载谱等交通资料，掌握沿线路基冻融特点，预测冻土路基变形，进行路基路面综合设计。

条文说明

多年冻土地区路基冻融和变形的特殊性，使得路基对路面的使用性能影响远大于一般地区，因此要重视路基路面综合设计。

7.1.3 沥青路面设计应考虑交通荷载的作用，以及多年冻土地区路基路面的相互作用，采取有效措施，合理选择路面结构与材料，优化路面结构层，减小冻土路基融沉变形下路面结构附加应力，降低路面吸热对路基温度状况的影响。

7.1.4 沥青路面设计应根据路面抗低温开裂和抗冻性能等要求，兼顾抗车辙性能，进行路面结构与材料性能的平衡设计。

7.1.5 在满足交通荷载、温度、冻土路基不均匀融沉变形等要求的前提下，应遵循因地制宜、合理选材、节约投资的原则，选择技术先进、经济合理、安全可靠、方便施工的路面结构方案。

7.1.6 新建高速公路、一级公路沥青路面设计使用年限不宜小于15年，二级公路沥青路面设计使用年限不宜小于10年，三级公路、四级公路沥青路面设计使用年限不宜小于8年。

7.2 路面结构组合

7.2.1 路面结构应有足够的强度和稳定性，各结构层的刚度和强度应满足其本身的结构特性，与应力、应变分布特性相适应。

7.2.2 面层、基层的结构类型及厚度应与公路等级、交通量及组成相适应。

7.2.3 表面层宜采用对辐射热反射能力强的材料，主动降低沥青路面吸热性能；路面结构组合设计中宜设置导热系数小、隔热性能好的结构层，减少热量向下传递，主动改善路基路面温度状况和抗反射裂缝能力。

条文说明

沥青路面吸热直接影响路基与冻土地基的温度，导致冻土上限下移，易在路基顶面产生较大不均匀沉降变形。而采用辐射热反射能力强、吸热量小的表面层材料，设置导热系数小、隔热性能好的路面结构层，可以减小沥青路面吸热量及其向下传递的热量。

7.2.4 多年冻土地区高速公路、一级公路宜采用沥青结合料类基层沥青路面，二级及二级以下公路可采用无机结合料稳定类基层沥青路面、粒料类基层沥青路面。

条文说明

考虑公路等级及建设成本与全寿命周期费用，合理选择沥青路面基层类型。

7.2.5 路面结构总厚度应满足防冻层厚度的要求。

7.3 沥青面层

7.3.1 路面面层应提供平整密实、抗滑耐磨、稳定耐久的服务功能，具有良好的抗低温开裂、抗冻、耐疲劳性能，以及抗车辙、抗紫外线老化、低吸热等性能。

7.3.2 沥青路面宜选择高标号的道路石油沥青。表面层和中面层沥青混合料宜采用SBR或SBS改性沥青。110号、130号、150号道路石油沥青技术指标应符合表7.3.2-1的规定。改性沥青技术指标应符合表7.3.2-2的规定。

表 7.3.2-1　道路石油沥青技术指标

指　　标		单位	沥青标号			试验方法
			110号	130号	150号	
针入度（25℃，100g，5s）		0.1mm	100~120	120~140	140~160	T 0604
针入度指数 PI		—	-1.5~+1.0			T 0604
软化点（R&B），不小于		℃	43	40	38	T 0606
延度（5cm/min，15℃），不小于		cm	100			T 0605
蜡含量（蒸馏法），不大于		%	2.0	3.0		T 0615
闪点，不小于		℃	230			T 0611
溶解度（三氯乙烯），不小于		%	99.5			T 0607
密度（15℃）		g/cm³	实测记录			T 0603
TFOT（或 RTFOT）后	质量变化，不大于	%	±0.8			T 0609
	残留针入度比，不小于	%	55	50	48	T 0604
	残留延度（15℃），不小于	cm	30	35	40	T 0605
	残留延度（10℃），不小于	cm	10	15	15	T 0605

表 7.3.2-2　改性沥青技术指标

指　　标		单位	沥青标号			试验方法
			110号	130号	150号	
针入度（25℃，100g，5s）		0.1mm	90~110	110~130	130~150	T 0604
针入度指数 PI，不小于		—	-1.2			T 0604
软化点（R&B），不小于		℃	48	42	40	T 0606
延度（5cm/min，5℃），不小于		cm	55	100		T 0605
闪点，不小于		℃	230			T 0615
溶解度（三氯乙烯），不小于		%	99.0			T 0607
运动黏度（135℃），不大于		Pa·s	3			T 0620
弹性恢复（25℃），不小于		%	55	50	50	T 0662
储存稳定性　离析 48h 软化点差，不大于		℃	2.5			T 0661
密度（15℃）		g/cm³	实测记录			T 0603
TFOT（或 RTFOT）后	质量变化，不大于	%	±1.0			T 0609
	残留针入度比，不小于	%	55	50	48	T 0604
	残留延度（5℃），不小于	cm	30	70		T 0605

7.3.3 混合料沥青用量宜在室内试验确定的最佳沥青用量基础上增加 0.3~0.5 个百分点，提高面层沥青混合料的抗低温开裂和抗冻性能。

条文说明

考虑公路交通量及交通组成，协调沥青混合料抗低温开裂与抗冻性能，适当增加沥青用量。

7.3.4 表面层沥青混合料可采取掺加纤维材料等措施，提高沥青面层的抗低温开裂性能。

7.4 基层、底基层

7.4.1 沥青路面基层应具有足够的强度、冻融稳定性和抗冲刷能力，良好的应力扩散功能、抗裂性能和抗路基不均匀融沉变形能力。

7.4.2 基层可采用无机结合料稳定类、沥青稳定类材料或粒料类材料。

7.4.3 底基层应具有良好的抗路基不均匀融沉变形能力、良好的水稳定性和冰冻稳定性，可采用低剂量无机结合料稳定类材料和粒料类材料。

7.4.4 无机结合料稳定类材料应进行抗冻耐久性评价，其残留抗压强度比应不小于70%。

7.4.5 无机结合料稳定类材料配合比设计宜采用温缩抗裂指数 I_t 和干缩抗裂指数 I_d 控制混合料抗裂性能，温缩和干缩抗裂指数均应小于1。温缩抗裂指数、干缩抗裂指数可分别按式（7.4.5-1）和式（7.4.5-3）确定：

$$I_t = \frac{\Delta T_m}{[T]} \tag{7.4.5-1}$$

式中：ΔT_m——基层材料在最不利情况下的最大温度变化范围（℃）；

$[T]$——温缩抗裂系数（℃），按式（7.4.5-2）确定：

$$[T] = \frac{\varepsilon_m}{\bar{\alpha}_t} \tag{7.4.5-2}$$

ε_m——材料的极限拉应变（με），通过材料的轴向拉伸试验获得；

$\bar{\alpha}_t$——最不利情况下对应于 ΔT_m 的平均温缩系数（με/℃），最不利温度范围应根据工程实际温度变化确定。

$$I_d = \frac{\Delta w_m}{[W]} \quad (7.4.5\text{-}3)$$

式中：Δw_m——基层材料在最不利情况下的含水率最大变化幅度（%）；

$[W]$——干缩抗裂系数（%），按式（7.4.5-4）确定：

$$[W] = \frac{\varepsilon_m}{\bar{\alpha}_d} \quad (7.4.5\text{-}4)$$

ε_m——材料的极限拉应变（$\mu\varepsilon$）；

$\bar{\alpha}_d$——最不利情况下对应于 Δw_m 的平均干缩系数（$\mu\varepsilon/\%$），最不利阶段的材料含水率约在最佳含水率和半风干含水率之间。

条文说明

多年冻土地区无机结合料稳定类材料干燥收缩主要发生于初期（1~3d），干燥收缩最不利阶段的混合料含水率大约在最佳含水率和半风干含水率之间。

7.5 垫层

7.5.1 多年冻土地区沥青路面必须设置垫层。

条文说明

设置砂砾或碎石垫层可以减小冻土路基不均匀融沉变形及其引起的路面结构附加应力，减轻路面吸热对路基温度状况的影响。

7.5.2 垫层应具有良好的抗冻性、水稳定性、排（隔）水能力和隔温性能。

7.5.3 垫层材料宜采用粒料。当粒料类材料缺乏时，也可采用无机结合料稳定类材料。

7.5.4 垫层厚度宜大于20cm，并应满足路面最小防冻厚度要求。

7.6 桥面和隧道铺装

7.6.1 桥面铺装材料应具有良好的抵抗高频冻融循环、强紫外线能力。

7.6.2 水泥混凝土桥面沥青混合料铺装上层厚度不宜小于10cm，沥青混合料冻断温度应小于-28℃。

7.6.3 应结合桥梁梁板特点和铺装层上下面的环境温度，对铺装层层底弯拉应力和防水黏结层剪应力进行验算。

7.6.4 隧道铺装材料应具有施工烟气少、阻燃性能好、不易起尘等特点。

7.6.5 应结合隧道内环境、通风条件及抗滑性能，对隧道铺装结构进行验算。

8 桥涵设计

8.1 一般规定

8.1.1 桥涵工程设计应根据桥涵址多年冻土的工程地质特征，遵循安全、耐久、适用、环保、经济的原则，选择合理的桥跨方案、桥涵结构类型和基础类型。

8.1.2 融沉、强融沉或融陷多年冻土地段，桥涵地基宜遵循保护冻土的设计原则；不融沉和融化后基础沉降量不超过容许值的弱融沉多年冻土地段，桥涵地基宜采用允许融化的设计原则。

8.1.3 基础设计除应进行基础承载力、变形及稳定性计算外，尚应根据冻土的工程地质特征，依据现行《公路桥涵地基与基础设计规范》（JTG 3363）进行抗冻拔稳定性验算。

8.1.4 桥涵结构构件宜采用标准化设计、工厂化预制、装配化施工，减少现场作业量。

条文说明

多年冻土地区受气候环境和工程建设条件制约，年施工工期较短，为避免对路线周边冻土区的干扰，保证桥涵结构工程质量，优先选择预制、拼装的桥涵结构方案。

8.1.5 高温高含冰量多年冻土地区，必要时可在多年冻土地区桥涵工程基础应用热棒等技术，降低基础冻土温度。

条文说明

桥涵结构形成传热通道会加速基础周边多年冻土的融化，引起基础沉降，影响桥涵的正常使用，甚至结构破坏，而热棒技术是当前减缓冻土融化速率较为成熟有效的手段。

8.1.6 多年冻土地区混凝土结构可按现行《公路工程混凝土结构耐久性设计规范》

（JTG/T 3310）进行耐久性设计，或进行耐久性专项设计。

条文说明

多年冻土地区混凝土结构因长期冻融循环作用产生的混凝土损伤较为普遍，有时还同时存在盐结晶、化学腐蚀、磨蚀等多种环境作用，此时有必要进行耐久性专项设计，避免混凝土结构过早破坏。

8.2 桥涵布置

8.2.1 桥涵工程宜结合天然沟渠单独设置，不宜采用截水导流工程合并设置。径流明显的地区，桥涵工程设置时不得改变水流方向。

8.2.2 地表径流丰富的常流水河沟，宜采用桥梁跨越。

条文说明

在多年冻土地区常流水的涵洞均存在较为严重的工程病害，对横向排水影响较大，且难以根治。采用桥梁方案可以有效确保横向排水通畅，降低公路水毁风险。

8.2.3 高温高含冰量多年冻土分布地段、厚层地下冰发育地段、冻土沼泽湿地地段及冰锥、冻胀丘发育地段等路段的二级及二级以上公路宜采用桥梁代替填方路基。

条文说明

参考《多年冻土与铁路工程》，上述地段修筑路基，会破坏这些地段地表热平衡，引起比较严重的冻胀、融沉。另外，这些路段在路基养护维修中，很容易引起地基多年冻土的衰退和融化。采用桥梁方案可以提高公路耐久性，减少对冻土环境的影响。

8.2.4 山前区变迁性河流地段，应设置与桥梁连接的导流工程。

8.2.5 对于存在冰锥、冻胀丘、流冰、融冻泥流及上限较深的高含冰量冻土等现象的桥梁，桥梁孔径及桥下净空除应满足正常水文要求外，尚应加大跨径和桥下净空。

8.3 桥梁上部结构

8.3.1 桥梁设计应选用维修量少、耐久性好、适应变形能力强的结构类型。

8.3.2 桥梁上部结构宜采用简支梁（板）结构，采用预制成型构件，并根据需要设置变形缝或伸缩缝。

条文说明

冻土区冻胀、融沉等病害容易引起基础产生较大变位，在超静定的结构体系中产生不可控的次内力，导致结构破损，而简支体系适应变形能力强，后期维修、更换方便。

8.3.3 混凝土梁（板）桥宜按预应力构件设计，后张法预应力管道注浆宜采用真空辅助压浆工艺，并应采取措施避免管道中存在多余游离水。

条文说明

管道压浆中多余游离水存在冻融循环过程，需采取措施予以避免。

8.3.4 桥梁上部结构的混凝土强度等级不宜低于C40。

8.3.5 混凝土预制梁或预制桥面板间采用现浇湿接缝连接时，宜采用补偿收缩混凝土。

条文说明

现浇湿接缝混凝土与预制梁混凝土间存在较大的龄期差，采用补偿收缩混凝土，可以减少两者的收缩变形差，减少湿接缝收缩裂缝，保护湿接缝中的受力钢筋。

8.3.6 钢结构应根据工作温度选择冲击韧性满足质量等级要求的钢材，并根据需要进行抗疲劳设计。

条文说明

钢材在低温的工作环境下，韧性降低，容易出现脆断，破坏突然，危害较大，所以低温环境钢材选择时更要注重冲击韧性指标。

8.3.7 钢结构现场拼接宜采用栓接或栓焊组合的连接方式。

条文说明

低温的工作环境下，焊接质量难以保证，栓接是加快现场装配速度的主要连接方式。

8.3.8 桥面铺装与结构间应加强防水设计，避免桥面水进入结构引起混凝土冻融破坏。水泥混凝土桥面铺装和调平层宜采用抗冻混凝土，强度等级应不小于C40，抗渗等级应不低于P8。

条文说明

水是混凝土冻融破坏的根源，需采取措施避免桥面水透过桥面铺装直接与桥梁上部主体结构接触。

8.3.9 积雪严重地区，桥梁护栏宜采用金属梁柱式护栏或组合式护栏。

条文说明

金属梁柱式护栏或组合式护栏横桥向较为通透，风可以吹掉桥面积雪，避免桥面积雪结冰影响正常通行。

8.3.10 桥梁支座应保证能在恶劣的环境条件下按设计要求传递上部结构荷载，适应上部结构变形。当采用橡胶支座时，其橡胶材料应采用耐低温橡胶。

8.4 桥梁基础

8.4.1 桥梁基础宜选用桩基础，工程地质简单、持力层良好的中小桥涵也可采用明挖浅基础。易发生冻胀隆起、融化下沉等地段不宜采用明挖浅基础。

8.4.2 桥址处分布有盐渍化冻土、冻土泥炭层时应采用桩基础。

8.4.3 多年冻土地区的桥梁基础宜采用钻孔桩基础；当采用多桩设计时，应考虑冻土的群桩效应。必要时可进行基桩荷载试验，检验其承载力。

8.4.4 按保护冻土原则设计的明挖基础，基底宜铺设厚度不小于0.3m的粗颗粒土垫层，并分层夯实。必要时可在基底设置隔热保温层，并进行防冻胀处理。

8.4.5 不衔接多年冻土地段，可将明挖基础埋置于季节冻结层中。位于冻胀敏感性土层的桥梁基础，基础底面应置于冻结线以下不小于0.25m处。

8.4.6 钻孔灌注桩基础设计应结合桥址处的工程地质条件、冻土地温、冻土含冰量等因素综合考虑。当位于高温冻土地段时，桩基础设计应考虑冻结和融化两种状态，并留有一定的安全度；低温稳定冻土地段宜按冻结状态设计。

8.4.7 桥梁桩基基础宜适当加深，将桩基嵌入多年冻土内一定的深度，或穿透冻土层达到稳定持力层，防止基础产生变形。

8.4.8 当季节融化层为冻胀敏感性土时，桩基承台或系梁底宜高出地面，其值应根据冻胀土的厚度确定，且不宜小于0.3m。流冰严重的河道承台顶面可适当降低。

8.4.9 无冲刷时，桥台锥体坡面铺砌基础的埋置深度应不小于1.25m；当地基的季节融化层为冻胀土时，基础及埋入地面以下的坡面铺砌两侧宜换填粗粒土。

8.4.10 桥台背后及锥体均应填粗粒土，桥台背后范围填土的压实度应与相邻路基压实度相同。坡面铺砌宜采用导热系数小的空心砌块、块石等材料，并应在坡面上预留泄水孔。

8.5 桥梁基础及下部结构抗冻防护

8.5.1 桥梁扩大基础宜采取换填粗粒土或在基础表面涂抹润滑油脂的措施防治冻害。桥梁桩基础宜采取设置钢套管、永久护筒等措施防治冻害，永久护筒设置深度应大于多年冻土上限不少于1m。

8.5.2 冻胀丘分布地带，桥梁承台宜采用高桩承台。在一般冻土地带，宜将承台底面以下换填为粗粒土，或设置工业保温隔层材料缓冲层。

8.5.3 墩台主体结构不宜采用浆砌片石材料。应在冻土上限至流冰面以上0.5m墩身加设护面钢筋或钢护筒，必要时可设置破冰棱。墩台及基础、承台与土接触部位宜设置沥青保护涂层。

8.5.4 基底的季节融化层为冻胀土时，混凝土桥墩台底部宜配置钢筋，并加强承台与桩的连接钢筋，避免土体冻胀导致基础、承台破坏或分离。

8.5.5 桥梁扩大基础和桩基础混凝土均宜采用低温早强混凝土，掺加的外加剂不应对钢筋产生腐蚀。

8.6 涵洞结构

8.6.1 涵洞类型应根据涵位冻土特征、上限深度、涵洞地基设计方法、路基填土高度、施工季节、施工条件等因素综合分析确定。

8.6.2 涵洞宜选用能适应一定变形的封闭型结构，可采用钢筋混凝土圆管涵、箱涵和盖板涵，以及波纹钢管涵等。

条文说明

涵洞选用能适应一定变形的封闭型结构，当涵洞在反复冻融作用下发生基础不均匀冻胀与融沉，引起结构变形时，不会产生结构破坏和功能失效。

8.6.3 排洪涵洞宜按无压涵洞设计。涵洞宜按原沟床设置，涵底纵坡不宜小于1.5%，沟底不宜下挖或提高，常年径流的涵洞宜加大纵坡。

8.6.4 高含冰量地段，宜采用波纹钢管涵或钢筋混凝土圆管涵；低含冰量地段可采用钢筋混凝土圆管涵、箱涵。波纹钢管涵顶面最小填土厚度不得小于0.6m。

8.6.5 涵洞孔径除应满足排洪及维修的要求外，尚应考虑冰塞、冰锥的影响，适当增大。

8.6.6 涵洞应每隔2～4m设置一道沉降缝，沉降缝材料可选用改性沥青麻筋；对径流长、径流量大的涵洞，必要时宜采用膨胀橡胶等材料；沉降缝应采取加强防冻、防渗漏措施。

8.7 涵洞基础

8.7.1 涵洞基础选择应与冻土地基类型相适应，与涵洞类型相匹配，减少对多年冻土的扰动与破坏；在浅埋完整基岩或弱风化基岩上，可将基础直接设置于天然岩面上。

8.7.2 涵洞设计应考虑冻胀力对涵洞基础的作用和水热对涵洞地基稳定性的影响，采取相应的工程措施，确保涵洞基础在涵洞工程施工和使用期间处于稳定状态。

8.7.3 位于高含冰量冻土地段的涵洞应根据其径流量大小、径流期长短，采取换填非冻胀性土、埋设工业保温材料、设置挡水板等防融沉、防冻胀措施，必要时宜以桥代涵。

8.7.4 强融沉、强冻胀及不良冻土地段，当按允许融化的原则设计可能产生不均匀冻融变形时，应采用钢筋混凝土基础，并采取相应的防冻措施。

8.7.5 强融沉、强冻胀及不良冻土地段，按保护多年冻土原则设计的涵洞，不宜采用砂石换填。根据施工需要，可在基坑底面铺设碎石垫层，其厚度不宜大于0.3m；当地基为高温冻土时，基底与基坑周围还应进行保温处理。

条文说明

砂石料的导热性能好，用砂石料换填对保护多年冻土不利。但为方便施工，根据工程经验，允许在基坑底面铺设厚度不大于0.3m的碎石垫层。

8.7.6 涵洞基础埋置深度应根据冻土的工程地质特征、涵洞的过水情况、涵洞结构类型、孔径与设计方法等因素确定，涵洞的基础厚度不应小于现行《公路桥涵地基与基础设计规范》（JTG 3363）规定的最小厚度。

8.7.7 涵洞基础可根据涵洞轴向的多年冻土融化深度，分段采用不同的基础埋深，宜按中间段、过渡段、进出口段分段确定基础埋深。设置于高温冻土或含土冰层地基上的涵洞，可采用短桩基础。

8.7.8 按保护多年冻土原则设计涵洞基础时，基础埋置深度可根据涵洞的径流特点按表8.7.8确定。按允许融化原则设计涵洞基础时，基础埋置深度应按现行《公路桥涵地基与基础设计规范》（JTG 3363）的要求确定。

表8.7.8 涵洞基础埋置深度

涵洞特点	基础埋置深度		
	中间段	过渡段	进出口段
间歇性径流	$(0.5 \sim 0.6) h_t$	$(0.7 \sim 0.8) h_t$	$(1.1 \sim 1.2) h_t$
小径流	$(0.7 \sim 0.8) h_t$	$(0.9 \sim 1.0) h_t$	$(1.1 \sim 1.2) h_t$
径流期长、量大	$(1.1 \sim 1.2) h_t$	$(1.3 \sim 1.4) h_t$	$(1.6 \sim 1.8) h_t$
季节冻土设计	$\geq 0.8 h_t$	—	—

注：h_t为多年冻土天然上限（m）。

8.7.9 波纹钢管涵基础埋置深度应根据管径和地质条件确定。基础材料应采用一定级配的天然砂砾，厚度宜为管径的0.5~0.55倍，最小厚度不应小于0.6m；最大厚度不宜大于1.5m；最大粒径不应超过50mm，0.075mm以下粉黏粒含量不得超过5%，压实度不应小于85%；涵管两侧的填土宜采用含泥量不大于8%的砂砾土，压实度应与同一深度的路基填土相同。

8.8 涵洞进出口

8.8.1 涵洞进出口可采用一字墙加锥坡或八字墙等形式。

8.8.2 进出口高差比较大的涵洞，洞口应设置急流槽、跌水井等设施。

8.8.3 涵洞进出口端翼墙设计时应考虑水平冻胀力的影响。

8.8.4 波纹钢管涵进出口类型应根据涵位水文地质条件确定，采用裸管式洞口时其外延长度不宜小于0.3m。

8.8.5 涵洞进出口端翼墙基础埋深应与进出口段涵节相同。

8.9 附属工程

8.9.1 高含冰量冻土地段桥涵附属工程应遵循多填少挖的原则。当为冻胀敏感性土时，宜采用导热系数小的混凝土空心砌块、块石等材料铺砌，铺砌长度及厚度应根据沟槽水流情况确定。附属设施所挖除的沟床与涵洞进出口铺砌段宜设置保温铺砌层。

8.9.2 当桥位上游有冰幔时，宜设置封闭式导流堤。导流堤的设计高度应根据河流冰幔及壅冰的影响确定。

8.9.3 与桥涵相连的防护工程基础可置于季节融化层或多年冻土中，埋深应根据多年冻土地区明挖基础的有关规定确定。当季节性融化层为冻胀土时，应每隔2~5m设一道沉降缝。

9 隧道设计

9.1 一般规定

9.1.1 多年冻土地区隧道应根据气候环境、冻土特征、地形、地质等条件进行设计，保护多年冻土，维持冻土热稳定状态。

条文说明

隧道按穿越冻土情况可分为全部多年冻土隧道、局部多年冻土隧道，如图 9-1 所示，为此在设计中提出需根据其冻土特征等因素进行设计。

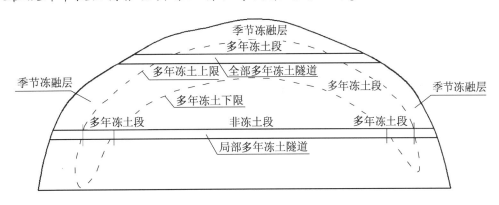

图 9-1 冻土隧道剖面示意图

9.1.2 隧道宜选择在干燥、含冰少、冻融作用对隧道影响小的地层中，宜避免穿越厚层地下冰、冻结层上（间）水发育的地层，当无法绕避时应以最短距离通过。

9.1.3 多年冻土地区隧道纵坡不宜小于 0.5%，不应大于 3%。上、下行隧道多年冻土段宜按分离式断面布设。

9.1.4 多年冻土地区隧道洞口季节冻融层段，以及洞内冻土和非冻土衔接过渡段，应考虑围岩冻结和融化两种状态，采取防冻胀和防融化措施。

9.1.5 多年冻土地区隧道设计应考虑断面尺度效应影响，适应冻土冻融特性与高寒大温差冻融环境，满足工程长期稳定要求。

9.1.6 隧道洞门、支护衬砌应采用低温、早强混凝土，喷射混凝土强度等级不应低于 C25，模筑混凝土强度等级不应低于 C40。

条文说明

考虑到多年冻土地区气温条件及冻融循环对衬砌结构的影响，以及衬砌结构的可修复性，模筑混凝土强度等级均采用 C40，以满足混凝土结构长期稳定要求。

9.2 洞口及洞门

9.2.1 洞口位置宜避开热融滑塌、厚层地下冰等不良冻土地段。

9.2.2 洞口轴线宜与冬季主导风向垂直或呈大角度相交，洞口宜避免设置在风吹雪停积处，当条件受限有积雪危害时宜设置防雪棚。

9.2.3 洞口工程设计应保护冻土自然状态和生态环境，减少对原地表的破坏，并采取保护冻土层的措施。

9.2.4 洞口边仰坡应根据冻土特征、含冰量等采取防热融滑塌措施，富冰、饱冰冻土边仰坡宜换填级配碎石或粗颗粒土，换填厚度不应小于当地多年冻土上限。

9.2.5 明洞结构应采用曲墙带仰拱钢筋混凝土结构，明洞拱背回填料应采用粗颗粒土，其厚度可按多年冻土天然上限的 1.3 倍确定，且最小填土厚度不应小于 2m，并做好隔水处理。

9.2.6 洞门墙、翼墙宜采用钢筋混凝土结构，不得采用浆砌片石，洞门墙、翼墙背后的富冰、饱冰冻土宜换填级配碎石或粗颗粒土。

9.2.7 明洞及洞门基础应置于基岩或多年冻土天然上限的 1.3 倍以下，换填非冻胀性土时基底下宜设置隔热保温层，换填深度不宜超过 3.0m，超过 3.0m 时可采用桩基础。

9.2.8 隧道进出口路面宜采取相应的防滑或防结冰措施。

9.3 衬砌结构

9.3.1 衬砌结构应结合冻土类型、围岩条件进行设计。

9.3.2 衬砌结构设计应考虑冻胀作用，并符合下列规定：
1 冻胀力可根据围岩特征、含冰量、排水条件等因素，结合经验或试验研究确定。
2 冻胀力应作为基本可变荷载进行荷载组合。
3 衬砌结构验算应分别考虑冻结条件下围岩压力+冻胀力工况和融化条件下围岩压力工况。
4 宜采用荷载结构法计算结构内力，并对结构变形或混凝土裂缝宽度进行计算。

9.3.3 隧道净空应满足建筑限界要求，并考虑结构受力、抗震、隔热保温层设置，以及后期养护维修需要。冻土段衬砌净空断面宜加大 30cm，预留补强空间。非多年冻土段、冻岩段断面可不加大。

条文说明

随着全球气候变暖、冻土退化的影响，多年冻土段在运营过程中可能会出现融沉现象，受地下水影响段寒季可能会出现冻胀现象，这些均会导致衬砌结构开裂变形等病害的发生，为此提出多年冻土段隧道净空断面宜加大 30cm 作为加固补强空间，尽量避免衬砌侵限拆除风险，也利于快速加固。

9.3.4 多年冻土及破碎软岩段宜采用三层衬砌结构形式，冻岩段宜采用复合式衬砌结构形式，衬砌支护参数应通过工程类比和结构计算综合分析确定。

条文说明

根据青海省共和至玉树公路多年冻土区隧道建设经验，对冻土及松散破碎软岩段采用了喷混凝土（内置钢架）+一次模筑支护+隔热保温层+防水板+二次衬砌+隔热保温层的三层衬砌结构形式，初期支护采用喷混凝土（内置钢架）是基于可开挖后可快速封闭暴露面并及时封闭成环，充分利用围岩冻结状态下自承能力，另外考虑到混凝土水化热及洞内施工机械散热会形成融化圈，故还需施作一层模筑支护，以提高支护结构整体稳定性，支护分两次施作可使混凝土产生的水化热分次释放，有利于控制融化圈的发展。青海省共和至玉树公路隧道多年冻土段采用的支护参数见表9-1。

表9-1 多年冻土隧道支护参数

围岩类别	初期支护		二次衬砌
	第一层	第二层	
Ⅵ级	30cm C30 喷低温早强混凝土，I22a@50cm	20cm 模筑 C30 钢筋混凝土	55cm C40 钢筋混凝土
Ⅴ级浅埋	28cm C30 喷低温早强混凝土，I20a@60cm	20cm 模筑 C30 钢筋混凝土	55cm C40 钢筋混凝土

续表 9-1

围岩类别	初期支护		二次衬砌
	第一层	第二层	
V级深埋	26cm C30 喷低温早强混凝土，I20a@75cm	20cm 模筑 C30 钢筋混凝土	50cm C40 钢筋混凝土

冻岩段采用了喷锚初期支护+隔热保温层+防水板+二次衬砌+隔热保温层的复合式衬砌结构形式，设计时要考虑冻胀、融沉作用的影响，以及冻融对衬砌混凝土耐久性的影响。

9.3.5 多年冻土段支护不应设置系统锚杆，当为高含冰量冻土时可采用双层模筑支护结构形式。多年冻土段衬砌应采用曲墙带仰拱钢筋混凝土结构。

条文说明

对高含冰量冻土地层提出采用双层模筑支护，主要是基于喷混凝土与高含冰量冻土地层黏结不好，易融化掉块，故可采用现浇模筑支护。

9.3.6 衬砌基底位于富冰、饱冰冻土或含土冰层时应换填厚度不小于50cm的砂砾垫层，并在基底设置不小于5cm的隔热保温层。

9.3.7 高含冰量冻土且隧道拱顶埋深小于2.5倍冻土上限深度的地段，可在洞顶预先设置热棒群，热棒群宜采用梅花形布置，其间距应根据热棒工作效能计算和工程类比法确定。

9.3.8 应根据温度、地质条件设置衬砌变形缝，洞口设防段变形缝间距宜为10~20m，洞身段变形缝间距宜为30~50m。

9.4 防水与排水

9.4.1 多年冻土地区隧道应根据地形、水文地质、地温、气温等条件，采取防、堵、截、排、隔热、保温等综合治理措施，妥善处理地表水和地下水。

9.4.2 多年冻土地区隧道防水设计应符合下列规定：
1 衬砌混凝土抗渗等级不应低于P10。
2 设置全断面隔热保温层的隧道或段落宜采用全包防水设计。
3 防水卷材应耐低温，防水板厚度不应小于1.5mm，无纺布断裂强度不应小于20kN/m，单位面积质量不应小于400g/m²。

4 施工缝、变形缝应选用耐低温、高性能的止水带及嵌缝材料，并采用组合式防水构造。

5 洞顶沟谷或洼地段应结合其融区范围采取地表疏导、截排、降水及洞内注浆堵水等措施，阻止地表水及冻结层上水渗入隧道。

9.4.3 多年冻土地区隧道排水设计应符合下列规定：

1 应根据隧道穿过冻土类型、水量大小等进行分段设计，可采用保温水沟、深埋水沟或泄水洞。

2 全部多年冻土隧道、局部多年冻土隧道多年冻土段宜设置双侧保温水沟排除围岩融化产生的地下水。

3 局部多年冻土隧道多年冻土段宜设置泄水洞，非冻土段宜采用中心深埋水沟形式或泄水洞形式，多年冻土与非冻土衔接过渡段宜采用中心深埋水沟与泄水洞组合排水形式或泄水洞连通形式，过渡段长度不宜小于100m。

4 洞口边、仰坡以外截水宜采用挡水埝形式截排地表水，宜采用保温渗水暗沟截排冻结层上水。

9.4.4 泄水洞设计应符合下列规定：

1 泄水洞应根据地下水量、地质条件、施工方法、埋深，以及对隧道稳定性的影响等综合确定，可采用喷锚衬砌、复合式衬砌。

2 泄水洞断面不宜小于2.5m×2.5m，宜置于仰拱或铺底层以下6~8m。

3 多年冻土段泄水洞不宜布设在隧道正下方，上下行分离式隧道可设置在两个主洞之间，泄水洞拱部、边墙不应设置泄水孔。

4 多年冻土段泄水洞内宜设置保温排水管，并根据需要设置加热系统，防止水流冻结。

5 非多年冻土段及硬质较完整冻岩段泄水洞宜设置在隧道正下方。

9.4.5 隧道深埋水沟、泄水洞应设置保温出水口，并选择在背风、向阳、利于排水的位置，可设置加热系统。

9.4.6 地下水发育地段宜采用低温注浆堵水，注浆范围宜大于围岩冻融圈0.5m。

9.5 隔热保温层

9.5.1 多年冻土地区隧道可设置两层隔热保温层，置于支护与二次衬砌之间，以及二次衬砌内表面。

条文说明

冻土隧道设置两层隔热保温层，一是可起到防冻、防融作用；二是设置在衬砌内表面的隔热保温层可降低冻融循环对混凝土耐久性的影响，但当隧址区冻融循环频次低时，经分析论证后可不设衬砌内表面隔热保温层；三是置于支护与二次衬砌之间的隔热保温层还具有缓冲层的作用，可对冻胀力、围岩压力起到一定释放作用，避免冻胀造成衬砌开裂。

9.5.2 隔热保温层设计应符合下列规定：

1 隔热保温层厚度应结合气象、围岩条件等通过工程类比或热工计算确定，且不宜小于5cm。

2 隔热保温层设置长度应结合气温、风速风向、地温、交通流、通风方式等因素通过工程类比或热工计算确定。

3 多年冻土段宜全环设置隔热保温层，隔热保温层应采取相应的防水措施。

4 隔热保温材料导热系数不应大于0.03W/(m·K)，吸水率不应大于3%，置于二次衬砌内表面时其抗压强度不宜小于0.1MPa，置于支护与二次衬砌之间时其抗压强度不宜小于0.3MPa。

5 隔热保温材料燃烧性能等级不应低于现行《建筑材料及制品燃烧性能分级》（GB 8624）中的B1级。

10 路基施工

10.1 一般规定

10.1.1 路基施工应按设计和实际情况合理选择施工季节，宜符合下列规定：

1 按允许融化设计的路基宜选择在暖季施工；按控制融化速率设计的路基宜选择在寒季施工。

2 高含冰量冻土地段路堑开挖宜在寒季进行，基底和边坡换填及保温层等施工宜在6月底前完成。

3 路堤的填筑宜在暖季进行；高温高含冰量冻土地段高路堤的填筑宜跨年度分两期进行，或采用控制填料温度、基底覆盖隔热层等施工方法。

4 寒季施工时，应事先备好路基填料，并应采取保温措施，防止填料冻结；暖季施工时，宜避开降雨集中、热融作用最活跃的时段或采取热防护措施，并做好防护和防排水工作。

10.1.2 路堑施工期间，各道工序应紧密衔接，快速施工，缩短暴露时间，必要时可采取遮阳措施。

10.1.3 路基施工应按先防排水系统、后主体工程的顺序，统筹安排永久防排水系统与临时防排水系统。

10.1.4 路堑、取土场、弃土场等清除地表地段的草皮应先行挖取，选址堆放，适时洒水养护，以便恢复利用。

10.1.5 应根据工程规模、工程特点，考虑多年冻土工程地质条件、施工季节、工期及环保等要求，编制实施性施工组织设计，批准后实施。

10.1.6 特殊结构路基施工前，应先进行先导试验路段施工。当施工主体、特殊填料、施工方案或施工工艺明显变化时，应重新修筑试验路段。

10.1.7 施工过程中应按设计要求，同步做好监测方案实施，并配合做好路基监测系统的建立。

10.2 施工准备

10.2.1 路基施工前应全面熟悉并核对施工图设计文件，充分了解工程沿线多年冻土工程特性、各区段路基设计原则和设计意图，并进行现场核查。应根据设计文件及核查情况，进行相关工艺、工序流程设计，制订路基施工方案。

10.2.2 多年冻土地区工地试验室应具备下列试验条件：
1 混凝土冻融循环试验。
2 低温早强耐久混凝土配合比试验。
3 气温、地温观测。
4 负温混凝土养生。
5 负温防水砂浆配合比试验。

10.2.3 施工营地和施工站场布置应适当远离线位，并避开高含冰量冻土、不良冻土现象及植被发育地区。

10.2.4 路基施工前，应先按施工图设计文件要求修筑施工便道。

10.2.5 机械设备选型应考虑高原环境特征和多年冻土特点，并备齐常用的配件。

10.2.6 应提前准备充足的施工材料，确保各施工工序快速衔接。

10.2.7 多年冻土地区路基先导试验路段应选择在地质条件、断面形式等工程特点具有代表性的主线上，长度不宜小于200m，先导试验路段应重点收集下列资料：
1 填料试验、检测报告等。
2 压实工艺主要参数：机械组合；压实机械规格、松铺厚度、碾压遍数、碾压速度；最佳含水率及碾压时含水率允许偏差等。
3 过程质量控制方法、指标。
4 质量评价指标、标准。
5 优化后的施工组织方案及工艺。
6 原始记录、过程记录。
7 对施工设计图的修改建议等。

10.3 路基施工

10.3.1 路基填料除应满足现行《公路路基施工技术规范》（JTG/T 3610）的要求

外，尚应满足设计要求。

10.3.2 取土场的位置、开挖范围和取土深度应满足设计要求。施工过程中应定期对取土场内填料的地质特征及工程性质进行复核。

10.3.3 地基表层处理应符合下列规定：
1 不清表段，应按设计要求直接填筑填料后整平碾压。
2 清除表土、低填路基局部换填路段，应按设计要求换填弱冻胀性、水稳定性好的粗颗粒土。

10.3.4 多年冻土地区不清表段，路基压实时宜采用冲击碾压为主，振动压实为辅的混合压实方法，并应符合下列规定：
1 冲击碾压时应先压两侧后压中间，小半径曲线段由内侧向外侧，错轮碾压，压实标准应满足设计及其他相关标准的要求。
2 冲击碾压完成后应采用振动压路机碾压。
3 碾压前、后应进行填筑顶面高程测量，测定填方的沉降量，控制高程。
4 压实作业应做到无偏压，无死角，碾压均匀。
5 严禁车辆在路基上急转弯、掉头、紧急制动，以免破坏已压实的填层。

条文说明
青海省共和至玉树公路实践经验表明，冲击碾压的压实效果明显优于重型振动碾压，因此对多年冻土地区不清表路段推荐采用冲击碾压和重型碾压相结合的方法。

10.3.5 填土护道应及时碾压，压实度应达到80%以上。护道材料与路堤填料相同时，应与路堤主体工程同时施工并同时完成。

10.4 路堑施工

10.4.1 路堑施工应合理选择施工工艺，采取隔水、排水、换填和设置保护层等措施，保护冻土，防止热融滑塌。路堑边坡开挖宜采用机械化快速施工，宜在寒季开挖。开挖前应先做好永久性排水设施，施工过程中应注意施工场地的排水。

10.4.2 路堑段换填粗颗粒土并采用集中取土时，宜在寒季施工；采用其他填料时，宜在暖季作业。暖季施工应安排在夏初或秋初，并作好防护，宜避开降雨集中、热融作用最活跃时段，避免阳光直接照射。跨年作业应兼顾挖、填的不同要求，宜选择秋末开挖成型，来年暖季回填。

10.4.3 路堑较长路段应分段开挖。开挖可采用爆破松土开挖法，钻孔应选用钻进速度快、功率大、便于搬运的钻机施工，并应符合下列规定：

1 爆破松土开挖法可采用深孔爆破或深孔药壶爆破，钻孔应根据少超不欠的原则布置。应加强炸药的防水防冻，宜使用抗冻防水性能好的炸药。宜一次爆破成型。

2 较长路堑应分段施工，爆破后的清方应与后段钻孔同时进行。

3 开挖应配备功率大、适于冻土开挖要求的松土机。浅路堑可先基底后边坡开挖，深路堑宜先边坡后基底开挖。开挖中应随时做好临时排水系统。

10.4.4 经爆破松动或松土机松动后的松方可采用推土法或装运法清方。地表部分可用的松方应直接运走或横向推置于路堑侧开挖界限30m外。上限以下含土冰层或饱冰冻土，可根据路堑长度，采用纵向一次推出或横向通道分段推出的方法，推弃于路堑外适当地点。推土应由高向低拉槽推送。弃土不得影响回填排淤作业。

10.4.5 横向通道的设置应与路堑开挖的松土作业同时进行，间距宜为100m。长度小于200m的路堑，宜从两端相向开挖，并在路堑口下方设横向通道。长度不小于200m的路堑，可分段开挖，在中部设置横向通道。

10.4.6 开挖至换填层位时，应对暴露的冰层作昼盖夜开的简易遮挡防护，减少热融影响。暖季开挖的路堑在清方成型后，应全段尽快一次回填。

10.4.7 开挖完成后，应及时完成整平作业。整平作用应包括清除刷坡后的余土，清出侧沟，基面与侧沟平台的整平和路堑成型等工作。

10.4.8 路堑边坡保温层铺设草皮泥炭层时，边坡挖除部分应整平，每块草皮泥炭厚度不宜小于0.25m，根部应切平。铺砌时应上下错缝，互相嵌锁。

10.5 过渡段施工

10.5.1 过渡段路基宜与相邻路基工程同步施工。

10.5.2 过渡段桥台、涵洞等构筑物基坑应及时进行回填。

10.5.3 在高含冰量冻土地段，路堤与路堑过渡段施工时，应按设计要求对基底换填。暖季施工时，原地面开挖前应采取搭设临时遮阳棚、保温覆盖等措施，防止热融滑塌等发生。

10.6 隔热层路基施工

10.6.1 隔热层材料应按设计指标和拼接方式提前订制。

10.6.2 隔热层材料入场检验应符合下列规定：
1 应检查出厂检验报告、产品出厂质量证明文件。
2 应由第三方检验机构进行抽检，并取得第三方检验报告。

10.6.3 铺设隔热层前，应对隔热层下承层进行检测，检测结果应符合下列规定：
1 高程和横坡应满足路基设计要求。
2 平整度和压实度应满足路床顶面的交工验收标准。
3 弯沉代表值应小于0.8倍的路床顶面设计弯沉值。

10.6.4 隔热层的铺设应在下垫层高程和压实度等达到规范要求后进行，并按设计拼接方式进行拼接。直线段隔热层材料宜采用搭接方式；曲线段拼接困难时，宜采用直向积累、集中拼缝处理的方法进行铺设。采用同质不规则板材进行现场切割组拼，当相邻板材之间原有的搭接方式被打断时，应采用黏合剂对该处进行胶接。整个区段的铺设应顺滑自然，板材嵌挤紧密，不留空隙。

10.6.5 全区段的铺设应满足幅宽要求，弯道处局部可适当加宽，全区段最小有效宽度应满足设计要求。

10.6.6 施工机械不得直接碾压隔热层，隔热层上卸料应采用递推卸料法，并整平、压实。

10.7 块石路基施工

10.7.1 石料应在设计料场取料。自选料场、隧道洞渣及路堑挖方的岩石作为料源时，应对岩石的岩性、抗压强度、压碎值和风化程度等进行现场取样试验，满足设计要求时方可使用。

10.7.2 块石应按设计要求集中生产，严禁在路基上破碎、筛分石料。

10.7.3 块石路基施工前，应先修筑试验路段，确定块石路基松铺厚度、压实机械型号及组合、压实速度及压实遍数、沉降差等参数。

10.7.4 块石填筑应符合下列规定：

1 不同料场、不同强度、不同种类的石料应分段填筑，严禁混填。
2 块石层应一次填筑成型，填筑厚度应不小于设计厚度与沉降差之和。
3 块石层及过渡层应按设计宽度填筑，严禁超宽填筑。
4 块石填筑宜采用自卸车和挖掘机的机械组合，严禁使用装载机和推土机的机械组合。
5 施工过程中严禁细粒料进入块石层中，影响块石层孔隙率及通风效果。

10.7.5 块石的碾压应符合下列规定：

1 碾压前应选用合适粒径的小石块对块石层表面孔隙进行填塞。
2 块石的压实机械组合、压实功率、碾压速度、压实遍数、铺筑厚度等施工工艺参数应符合试验路段确定的施工工艺参数。
3 碾压的纵向行与行之间重叠应不少于0.5m，前后相邻区段重叠应不少于2.0m。
4 块石层碾压完毕后的沉降差应小于试验路段确定的沉降差。

10.7.6 压路机的线压力应与块石的抗压强度极限相匹配，避免使块石破碎，挤压、破坏骨架结构。压路机的单位线载荷可按式（10.7.6）计算：

$$q = \frac{G_w}{b} \quad (10.7.6)$$

式中：q——单位线载荷（N/cm），常用石料的抗压强度极限和允许的压路机单位线载荷见表10.7.6；
G_w——振动压路机的钢轮重（N）；
b——轮宽（cm）。

表10.7.6 常用石料的抗压强度极限和允许的压路机单位线载荷

石料种类	强度极限（MPa）	允许的压路机单位线载荷（N/cm）
中硬石料（石灰石、砂岩石、粗粒花岗岩）	60~100	700~800
坚硬石料（细粒花岗岩、闪长岩）	100~200	800~1 000
极硬石料（辉绿岩、玄武岩、闪长岩）	200	1 000~1 250

10.7.7 压路机的最大接触应力应与块石的允许最大接触应力相匹配，不得造成块石表层破坏和出现裂纹或压实度不够。块石允许最大接触应力和压实层的变形模量可按表10.7.7确定，压路机的最大接触应力可按式（10.7.7）计算：

$$\sigma_{max} = \sqrt{qE_0/R} \quad (10.7.7)$$

式中：σ_{max}——压路机的最大接触应力（MPa）；
q——单位线载荷（N/m）；

E_0——压实层的变形模量（MPa）；
R——碾压轮半径（m）。

表10.7.7 块石允许最大接触应力和压实层的变形模量

允许最大接触应力 σ_{max}（MPa）		压实层的变形模量 E_0（MPa）	
压实开始	压实结束	压实开始	压实结束
0.4~0.6	2.5~3	30	100

10.7.8 块石顶部砂砾层摊铺完后应用压路机进行整平碾压。砂砾层的密实度宜按中密要求控制，平整度应按填土路基要求控制。

10.8 通风管路基施工

10.8.1 通风管材质、管节连接方式应满足设计要求，外观质量、尺寸偏差和物理力学性能应符合现行《混凝土和钢筋混凝土排水管》（GB/T 11836）的规定。

10.8.2 通风管可采用现场集中预制或定制采购。当采用现场集中预制时，应按现行《混凝土和钢筋混凝土排水管》（GB/T 11836）的要求进行型式检验。通风管入场时，应按现行《混凝土和钢筋混凝土排水管试验方法》（GB/T 16752）进行入场检验。

10.8.3 通风管宜采用反开槽法安装，开挖前路堤应填至通风管设计高程底面以上不小于130cm的位置，压实度应按路床以下填料要求控制，平整度应按土质路基要求控制。

10.8.4 沟槽开挖和槽基处理应符合下列规定：
1 应根据放线位置，采用人工配合机械的方法开挖沟槽。
2 沟槽开挖宽度应大于通风管外径0.2m，深度应低于通风管管底设计高程0.1~0.2m，底部设置4%的"人"字横坡。
3 沟底浮土清理干净后，应采用小型夯实机具对沟槽底部进行夯实补强。
4 槽基处理完成后，应铺设0.1~0.2m厚砂砾垫层，并保持横坡坡度不变。

10.8.5 通风管吊装时，管节承插口搭接长度应满足设计要求，连接平顺。通风管两端伸出路基边坡长度应满足设计要求，并沿纵向取齐。当通风管为透壁式通风管时，透壁一侧应位于沟槽底部。

10.8.6 通风管承插口应采用水泥砂浆抹环形保护带，并进行隐蔽工程验收。

10.8.7 通风管管身周围回填填料宜选用中粗砂砾。回填应两侧分层对称平衡进行，通风管管身范围填土压实度应不小于93%。

10.8.8 通风管管顶填筑厚度大于0.5m时，方可允许大型施工机械与车辆通行。

10.9 热棒路基施工

10.9.1 热棒类型、蒸发段长度、冷凝段长度、蒸发段与冷凝段夹角等参数应满足设计要求，热棒质量应符合现行《热棒》（GB/T 27880）的规定。

10.9.2 热棒入场检验应符合下列规定：
1 应检查热棒的出厂检验报告、产品出厂质量证明文件。
2 应由第三方检验机构进行抽检，并取得第三方检验报告。

10.9.3 热棒临时存放时，必须远离火源；露天存放时，宜进行覆盖，防止阳光直晒。

10.9.4 热棒宜在路面工程完成后的第一个冷季进行安装。

10.9.5 热棒钻孔应符合下列规定：
1 应根据热棒外径、埋深和地层岩性等选择合适的钻机和钻头，钻孔方式宜采用干钻。
2 钻机应采用地锚固定；当地层较复杂、钻孔特别困难、钻机振动较大时，应采用钢绳固定或支架支撑。
3 在易塌孔地层路段宜采用简便易行的护壁方法钻进，防止塌孔。
4 钻孔宜预留一定倾角，避免钻进时钻头下俯；开孔时可采用导向装置，液压给进加压，慢速钻进，控制钻孔角度。
5 钻孔完成后应进行成孔检查，并及时清理干净钻孔周边现场。
6 钻孔施工完成后应及时起吊热棒进行安装；不能及时安装时，应采取临时措施保护钻孔。

条文说明
合理选择钻机和钻头是保证钻孔施工效率和成孔质量的重要措施。采用干钻的目的是防止水携带的热量对多年冻土产生不利影响。钻孔完成后要对钻孔进行成孔检查，以利于后续热棒吊装。

10.9.6 热棒吊装应符合下列规定：

1 利用热棒顶部吊环起吊时，应根据热棒的长度，采取必要的防护措施，防止设备摇摆；吊车吊臂有效起吊高度应超出热棒长度1m。

2 吊装时严禁压伤或擦伤热棒及其上部的翅片部分。

3 应控制热棒的埋置角度与钻孔的直线夹角为0°，钻孔直线度偏差应小于5mm。

10.9.7 热棒与孔之间的间隙应密实回填，可采用中粗砂水中沉砂法或反循环注浆法回填，并进行现场清理。

条文说明

已有的工程实践表明，热棒与孔之间的环形孔隙回填是热棒路基施工中的最重要环节，直接决定着该工程措施的成败。回填质量控制不良，热棒蒸发段与周围土体无法紧密接触，热量交换难以实现。同时，路面降水易汇集至热棒孔隙，雨水携带热量进入冻土上限附近，造成冻土退化。因此，热棒周缘回填直接影响热棒制冷作用的发挥，必须高度重视。

回填方法中水中沉砂法应用效果良好。即：往孔隙中灌入一定高度（1~2m）的中粗砂，然后灌入水，使其沉淀密实；如此循环操作，直至填满。实践证明这种方法保证了热棒周围土体的快速回冻。采用水中沉砂法回填时，回填量的确定方法：根据孔径、热棒直径、孔深计算间隙体积；根据回填材料的饱和密度和干密度计算所需的体积；为确保回填密实，回填料不小于计算值的0.9倍。

当水中沉砂法效果不佳时，要采用反循环注浆法进行补强。

10.9.8 热棒路基在防撞护栏安装完成前不得开放交通。

10.10 复合结构路基施工

10.10.1 复合结构路基施工前，特殊结构材料质量应满足设计要求，应按本规范相关要求进行入场检验。

10.10.2 热棒+隔热层复合结构路基应按隔热层下承层检测、隔热层铺设、隔热层上垫层填筑、路基主体填筑、路面铺设、热棒安装的工序施工。其施工工艺及施工质量应满足本规范第10.6节和第10.9节的要求。

10.10.3 块石+通风管复合结构路基应按下垫层成型、块石层填筑、过渡层设置、通风管设置的工序施工。其施工工艺及施工质量应满足本规范第10.7节和第10.8节的要求。

10.11 防护及排水工程施工

10.11.1 防护及排水工程基坑施工宜在基础所有建筑材料、机具和垫层所用砂砾全部备齐后开始；基坑开挖后，若发现基础全部或部分埋在纯冰或含土冰层中，应进行专项处理；基础完工后应立即回填夯实。

10.11.2 应组织力量快速施工，各个工序应全面展开，相互衔接，逐段完成；不得拖延过久，使基坑长期暴露，影响基坑边坡稳定，增加施工困难。

10.11.3 砂砾垫层施工前，应将积雪、融雪水或雨水及基坑内淤泥和松软湿土彻底清除。

10.11.4 高含冰量冻土地段挡土墙基坑施工宜在寒季进行，必须暖季施工时，应采取临时遮阳措施。基础施工应采用不间断连续作业的方式进行，基坑开挖完成后的暴露时间不宜超过15d，挡土墙总施工时间不宜超过50d。

10.11.5 渗沟宜在春融后至雨季开始前施工。

10.11.6 挡水埝应在路基主体工程施工前完成。挡水埝迎水侧应有良好的排水通道，不得形成积水坑、积水洼地。挡水埝与路堤坡脚间应进行纵、横向顺坡处理。带阻水板的挡水埝阻水板埋设宜在活动层融化季节开挖后快速施工。

11 沥青路面施工

11.1 一般规定

11.1.1 沥青路面施工应考虑多年冻土地区施工温度低、施工期短、碾压成型困难、养生条件有限等特殊条件的影响。沥青路面面层应在暖季施工。

条文说明

多年冻土地区沥青路面的特殊施工条件主要包括：

（1）施工温度低。多年冻土地区常年低温，即使在路面的可施工季节，气温也较低。如五道梁地区6—9月的月平均气温在0~6℃，其中气温最高的7月日最高气温仅为11~20℃，且夜间经常出现负温。因此，多年冻土地区路面施工温度明显低于一般地区，满足现行标准规定的施工温度要求较为困难。

（2）施工期短。多年冻土地区公路的最佳施工时间为每年的5—9月，而路面基层与面层的适宜施工时间为6—9月。即使在这几个月，多年冻土地区气温仍较低，日温差也较大，夜间往往出现负温，有效施工时间短。同时，多年冻土地区的降水又集中在7—9月，且雨雪无常，明显影响路面施工的连续性。因此，多年冻土地区沥青路面的施工期明显短于一般地区。

（3）碾压成型困难。多年冻土地区气温低，加上多风、风大，热拌沥青混合料施工过程中的温度损失明显快于一般地区，使沥青混合料碾压成型困难。同时，多年冻土地区气候干燥，蒸发率高，使水泥混凝土面层、半刚性基层施工中水分损失比一般地区速度快，且损失量大，对水泥混凝土、无机结合料稳定类材料的强度形成有显著影响。

（4）养生条件有限。在多年冻土地区特殊的自然条件下，水泥混凝土、半刚性材料保温保湿养生难度明显大于一般地区，水分蒸发损失容易引起干缩裂缝，大温差使水泥混凝土板和半刚性板体内产生较大温缩应力，而频繁冻融循环将导致混凝土产生早期损伤。

11.1.2 宜采取提高混合料出料温度、减少拌和机拌和仓出料口与运输车的高差、缩短混合料运输距离、加强运输车辆保温与覆盖、缩短运输车辆在摊铺机前方的待机时间等技术措施，保证沥青混合料摊铺温度。

11.1.3 应采取缩短施工工作段长度、适当增加摊铺层厚度、合理调整碾压速度、保证施工连续性等措施，严格控制混合料有效压实时间，保证沥青路面成型质量。

11.1.4 沥青路面无机结合料稳定类基层成型并检验合格后，应及时铺筑沥青混合料面层，缩短基层暴露时间。

11.2 沥青混合料施工

11.2.1 面层沥青混合料技术要求应符合表 11.2.1 的规定。

表 11.2.1 面层沥青混合料技术要求

技术指标	单位	要求值	试验方法
击实次数（双面）	次	75	T 0702
空隙率	%	1.5~3.0	T 0705
稳定度	kN	>7.5	T 0709
流值	mm	2~4	T 0709
矿料间隙率	%	14~16	T 0705
沥青饱和度	%	75~88	T 0705
浸水马歇尔试验残留稳定度	%	>80	T 0709
-18℃冻融劈裂强度比	%	>80	T 0729
-10℃低温弯曲试验破坏应变	με	>3 000	T 0715

条文说明

考虑到低温抗裂性能、耐老化性能、抗冻性能是多年冻土地区沥青混合料的关键路用性能，因此根据多年冻土地区实践经验，调整了部分马歇尔技术指标要求，增加了控制低温抗裂和耐老化的路用性能新指标，以及抗冻性能的检验性指标。

11.2.2 普通沥青混合料摊铺温度应保证在130℃以上，改性沥青混合料摊铺温度应保证在140℃以上。热拌沥青混合料出料温度、储料仓储存温度、运输到现场温度等施工温度应考虑运输、摊铺、碾压过程中的温度变化，参考试验路段试验结果进行控制。

11.2.3 宜采用保温运输车运输沥青混合料；沥青混合料摊铺后应立即碾压，减少热量损失。

11.3 无机结合料稳定类材料施工

11.3.1 无机结合料稳定类材料应在暖季施工，施工期最低气温应不低于5℃。

11.3.2 无机结合料稳定类材料应采用专用厂拌设备，中心站集中拌和，拌和设备应能自动计量各种材料用量。拌和生产能力应与摊铺、碾压设备相匹配。

11.3.3 混合料拌和含水率宜根据多年冻土地区高蒸发率和水分损失情况适当加大。对无机结合料稳定中、粗粒材料，混合料拌和含水率可比最佳含水率增大0.5~1个百分点；对无机结合料稳定细粒材料，混合料拌和含水率可比最佳含水率增大1~2个百分点。

11.3.4 混合料运输过程中应采取覆盖措施，减少水分损失；应选择适宜的运输路线和行车速度，避免发生混合料离析现象；混合料的运输能力应与拌和生产能力、摊铺生产率相匹配。

11.3.5 混合料摊铺前应洒水湿润下卧层表面。宜采用洒水车进行雾状洒水，以下卧层表面全部湿润、无明水为宜。

条文说明

多年冻土地区气候干燥，蒸发量大，如不洒水湿润，半刚性基层或底基层摊铺前，下卧层表面往往处于干燥状态。模拟湿度养生下的强度形成研究得出，下卧层表面湿度状况对基层强度成型有明显影响，摊铺混合料中的部分水分将被下卧层吸收，参与混合料强度形成的水分减少，导致下部混合料的强度降低。

11.3.6 混合料养生时间不应少于7d，养生结束后应尽快铺筑面层或封层。掺外加剂的混合料，养生期可根据混合料强度形成试验结果适当缩短。

11.3.7 水泥稳定类材料施工宜采取下列技术措施，提高混合料的抗裂能力：
1 严格控制施工级配，保证混合料设计抗压强度。
2 在混合料中掺入适宜水泥外加剂。
3 采取吸热覆盖措施，提高养生温度。
4 沥青面层与基层连续施工。

11.4 粒料类材料施工

11.4.1 粒料类材料施工宜采取预埋路缘石、安装侧模板等侧向支撑措施，保证碾压成型质量。

条文说明

粒料类材料作为散体材料，其强度与侧向约束密切相关，侧向约束越强，压实越易达到密实，整体承载能力越大。从试验路段修筑与观测结果得出，级配碎石施工前预埋路缘石，可以保证级配碎石压实均匀性与密实程度。

11.4.2 粒料类材料施工时可添加低剂量水泥，以便于其碾压成型。

11.4.3 级配碎石应采用厂拌设备集中拌和，拌和过程应严格控制各仓上料速度和均匀性，保证碎石掺配比例；应严格控制混合料含水率及拌和时间，保证拌和质量。

11.4.4 级配碎石宜采用沥青混凝土摊铺机摊铺，二级以下公路可用自动平地机或摊铺箱摊铺混合料。

11.4.5 级配碎石摊铺后应在接近最佳含水率条件下及时碾压；混合料碾压含水率偏低时，应根据实测含水率，用喷雾式洒水车补充洒水。

11.4.6 级配碎石碾压宜先采用钢轮压路机慢速静压，使混合料成型并具有一定的密实度；再用振动压路机和轮胎压路机碾压，碾压速度宜先慢后快，先弱振后强振，使结构层内部密实，降低空隙率；最后用钢轮压路机慢速静压。

条文说明

为避免松散推移和碎石破碎，一般开始时宜采用静压，使混合料成型并具有一定的密实度；再用弱振、强振和轮胎碾压，使结构层内部密实，降低空隙率；最后用静压，使结构层从内部到表面更加密实。因此，初压时宜采用慢速静压，复压时速度由慢速逐渐提高，避免结构层密实度较低时碾压引起松散推移。

11.4.7 级配碎石摊铺、碾压过程中应严格控制混合料离析，及时处理粗、细集料分布不均匀的局部位置。

12 桥涵施工

12.1 一般规定

12.1.1 桥涵工程的明挖基础，按保护冻土原则设计的桥涵地基，宜选择5月底以前和10月初以后施工，基础施工应减少基坑暴露时间；按允许融化原则设计的桥涵地基，宜选择在5月底至10月初施工。

12.1.2 桥涵工程的钻孔打入桩、钻孔插入桩基础施工可不受季节限制，钻孔灌注桩宜在寒季施工。暖季施工应采取对冻土的保温措施，并快速施工。

12.1.3 结构物和圬工体寒季施工时应综合考虑混凝土配合比、原材料温度、拌和时间、养生温度等影响，采取保温措施。

12.1.4 桩顶段永久性钢护筒的周围应设置沥青涂层或换填粗粒土，减小季节融化层在每年冻融过程中对桩基产生切向冻胀力的影响。

12.1.5 处于侵蚀环境时，应采用相应的耐腐蚀混凝土。

12.1.6 桥涵施工前应进行现场核对与调查，必要时进行补充地质勘察，并根据工程类别、冻土环境编制施工组织设计，合理规划生产和生活临时设施。

12.2 钢材

12.2.1 钢筋加工宜在暖季进行。预应力钢筋用锚夹具等，应根据施工季节的气温提前进行低温性能试验。

12.2.2 钢筋在运输、加工过程中应防止撞击和刻痕。负温条件下使用的钢筋相关检验频率应在现行《公路工程质量检验评定标准 第一册 土建工程》（JTG F80/1）规定检验频率的基础上提高5%~10%。

12.2.3 钢筋张拉设备、仪表和液压工作系统的油液应根据环境温度选用，并在使用温度条件下进行配套校验。

12.2.4 预应力钢筋张拉温度不应低于－15℃；当温度低于－20℃时，不得对低合金HRB400 钢筋进行冷弯操作。

12.2.5 钻孔桩和墩柱受力钢筋的接头在室外焊接时，宜采用电弧焊，焊接环境温度不得低于－20℃，并应采取防雪挡风措施。

12.2.6 每批钢筋正式焊接前，必须进行现场施工条件下的焊接性能试验，合格后方可正式开工。

12.2.7 钢筋低温电弧焊宜采用分层控温施焊；热轧钢筋焊接的层间温度差宜控制在150～350℃，RRB400 钢筋焊接的层间温度差可适当降低。

12.2.8 热轧 HRB400 钢筋多层施焊可采用回火焊道施焊，每层回火焊道的长度可比前一层焊道的两端各缩短 4～6mm。

12.2.9 钢结构零件矫正宜采用冷矫，冷矫时的环境温度宜不低于－12℃。

12.2.10 主要钢材受力零件冷作弯曲时，环境温度宜不低于－5℃；内侧弯曲半径不得小于板厚的 15 倍，小于者应热煨，热煨的加温温度、高温停留时间、冷却速率应与所加工的钢材性能相适应。

条文说明

　　冷矫时温度过低易产生脆裂，低温下钢材更易发生脆断，故温度限值较为严格。冷弯半径要求是为了保证外观质量和防止产生裂缝。

12.3 混凝土浇筑与养生

12.3.1 制备混凝土的水泥宜采用硅酸盐水泥和普通硅酸盐水泥等材料，并符合现行《通用硅酸盐水泥》（GB 175）的规定，不得使用矾土水泥；钢筋混凝土现浇细薄截面结构、装配式结构的接头和孔道灌浆可采用硫铝酸盐水泥。

12.3.2 混凝土所采用的集料应清洁，不得含有冰雪和冻土块及其他易冻裂物质。所采用的外加剂和掺合料应满足低温与抗冻性能的相关要求。

12.3.3 混凝土寒季施工时应合理确定配合比，加强混凝土搅拌、浇筑及养生的工艺控制，采取相应的保温措施。浇筑的混凝土在未达到受冻临界强度前不得受冻。

12.3.4 混凝土寒季施工应严格控制入模温度、浇筑温度，加强收缩裂缝、冻痕及养生保温措施有效性的检查。

12.3.5 宜采用热混凝土浇筑预应力混凝土构件湿接缝，并适当降低水灰比。浇筑完成后应加热或连续保温养护，直至接缝混凝土抗压强度达到设计强度的75%。

12.4 基坑开挖

12.4.1 明挖基础基坑开挖宜在寒季施工，必须暖季施工时应采取遮阳防雨措施，必要时应搭设防雨棚。基坑顶应设置挡水埝，严禁地表水流入基坑。应及时排除冻结层上水和冻土本身融化水，基坑排水不得污染环境，且应将水引向远离基坑位置排出。

条文说明
基坑的坑壁经水浸泡后极易坍塌，因此需将水引向远离基坑位置排出。

12.4.2 桥涵明挖浅基础进行基坑开挖前，应将施工所用的各种材料全部备齐。基坑开挖宜快速施工，严禁拉槽式开挖。

12.4.3 基坑开挖可采取"爆破一次成型，机械化快速开挖"的施工工艺。爆破宜采用防水防冻性能好的乳化炸药，不宜采用甘油类炸药；爆破钻孔应采取有效措施防止钻孔塌孔、回淤、回冻。

12.4.4 开挖后应核查基础地质情况，全部或部分设在纯冰或含土冰层上的基础应调整基础埋置深度或改变基础类型。砂砾垫层施工前，应将积雪、融雪水或雨水及基坑内淤泥、松软湿土彻底清除。基础底含土冰层应尽量清除。

12.4.5 基底下季节融化层较薄时，可采用挖除季节融化层、回填砂砾石料的方案进行处理，回填砂砾石料的厚度应大于0.3m。

12.4.6 基坑开挖尺寸宜每侧比基础或承台尺寸大0.5m。

12.4.7 基坑开挖边坡坡率应根据气温、地温，以及土的类别确定。暖季施工冻土出现融化时，边坡坡率应按最不利条件确定，必要时应加强支撑与保温措施。

12.4.8 基坑开挖弃土应及时清运至设计指定的弃土场，不得妨碍开挖基坑及其他工作，不得污染环境。存留回填基坑所需的填料应集中堆放，料堆坡脚距坑顶缘的距离不宜小于基坑的深度。

12.4.9 明挖基础基底应按设计要求铺设碎、砾石类土垫层并夯实；按保护冻土原则设计的明挖基础，基底应按设计要求设置保温层，防止浇筑基础时引起基底融化。

12.4.10 基础施工完毕应及时回填封闭基坑，必须间歇时，应采取措施防止热量侵入。回填前必须排除积水，清除冰块等杂物；回填应分层夯填密实，基坑回填土表面应设防水层，并在汛期到来前施工完毕。

12.5 钻孔灌注桩施工

12.5.1 钻孔灌注桩施工宜采用螺旋钻机干钻法成孔，条件允许时，也可采用人工挖孔的方法成孔，不宜采用普通冲击钻机成孔。桩基成孔应减少施工对冻土地基的热扰动，使桩基施工完成后桩基周围的冻土快速回冻。灌注桩应进行回冻试验，完善灌注工艺，合理安排后续工艺和施工。

12.5.2 桩基施工场地布置应减少对原地表和地基土的热扰动，宁填勿挖。地基土松散或比较潮湿时，可采取在钻机下垫置厚钢板或木板等措施，防止地基沉降导致钻机倾斜变位。

12.5.3 钻孔施工护筒宜选择钢护筒；钢护筒应埋设至冻土天然上限顶面以下0.5m，以保证上限范围内基桩光滑圆顺。采用融化法埋设护筒时，融化范围不得大于护筒外径。护筒埋置深度不应小于施工期间最大融化深度。

12.5.4 钻孔施工应根据地质条件选用不同的钻头类型。当钻进过程中发生钻杆摇晃、遇到漂石或岩层等情况时，应立即提钻检查并处理。钻孔达到设计深度后可采用旋挖钻头进行清孔。钻进过程应及时清运孔口周围积土，并采取措施防止地表水流入孔内。

12.5.5 采用泥浆护壁施工时，泥浆温度应根据施工现场环境条件通过试验确定，宜在保证钻孔过程中泥浆不冻结的前提下降低泥浆温度。地温较低不易塌孔的地段，泥浆的用量可仅根据浮渣的要求确定。

12.5.6 泥浆净化循环措施应考虑多年冻土环境保护的要求；桩基础施工过程中的废浆及废渣应妥善处理，不得污染环境和扰动冻土的热平衡。

12.5.7 环境温度为 0 ~ -20℃时，钻头进行现场焊接维修应采取相应的技术措施；环境温度低于 -20℃时，不应进行钻头现场焊接维修。

12.5.8 钻孔施工应连续进行，因故停机时应提升钻头。有钻杆的钻机，应将钻头提离孔底 5m 以上，其他钻机钻头应提出孔外。

12.5.9 钻孔达到设计高程时应检查成孔质量及孔底沉渣等情况，成孔检查合格后应及时进行下道工序，间歇时间不宜过长。

12.5.10 采用螺旋钻成孔，浇筑混凝土时孔口应采取保护措施，防止孔口泥土掉入孔内引起缩径。浇筑混凝土应连续进行，并保证其密实。

12.5.11 钻孔灌注桩混凝土宜采用低温早强耐久混凝土。高温高含冰量冻土地段混凝土浇筑时，入模温度不宜高于 5℃。

12.6 钻孔插入桩施工

12.6.1 钻孔插入桩施工宜采用螺旋钻机成孔，受水文条件限制不能采用螺旋钻机成孔时，可选用循环回转钻机或冲击反循环钻机。钻孔插入桩孔径宜比预制桩径大 5 ~ 10cm。

12.6.2 预制桩混凝土宜采用低温早强耐久混凝土，并根据施工现场环境采取相应的养生措施，保证预制桩混凝土的质量。

12.6.3 钻孔完毕经检查合格后应尽快插桩，在暖季当钻孔与插桩间隔时间较长时，应采取措施防止缩孔、塌孔。

12.6.4 钻孔插入桩施工宜采用先插桩后灌浆的施工工艺，桩周空隙应采用黏土砂浆回填密实。黏土砂浆中黏土与中细砂的比例宜为 1:8，含水率应小于 22%。黏土砂浆的温度应根据现场施工环境选择，宜控制在 0 ~ 5℃。应采取措施保证黏土砂浆的填充饱满、密实。

12.6.5 空心桩插入到位后应按设计进行回填，并按设计要求埋入连接钢筋。

12.6.6 插入桩应准确测量定位，预制桩插入到位后，在桩周空隙回填料基本回冻前，应采取措施临时固定桩顶，保证预制桩在孔内的正确位置。

12.7 钻孔打入桩施工

12.7.1 钻孔打入桩施工宜采用螺旋钻机成孔，钻孔过程中应保持钻杆垂直，防止钻杆晃动引起扩大孔径。

12.7.2 钻孔打入桩钻孔直径宜比预制桩径小5cm，钻孔深度应大于桩的入土深度。

12.7.3 钻孔打入桩的施工顺序应根据水流、地形、土质、桩架移动等因素确定。

12.7.4 钻孔打入桩桩尖应开孔，以减少打桩阻力，防止回弹。空心桩打至设计高程后应用混凝土回填，并按设计要求埋入连接钢筋。

12.7.5 钻孔打入桩宜采用桩尖高程控制法施工，并进行承载能力校核。应通过现场试验确定打桩相关参数。

12.8 钻孔扩底桩施工

12.8.1 钻孔扩底桩宜采用机械式扩孔钻头进行桩基底部扩孔；扩孔应根据孔的设计形状从小到大逐步进行，扩孔产生的钻渣可采用旋挖钻头取出。

12.8.2 当桩周为黏性土、砂类土、碎石类土，且处于地下水位以下，干法作业不能保证孔壁稳定时，可采用湿法钻孔作业。

12.8.3 桩基施工完毕后，应按设计要求进行桩基防冻胀处理；承台施工完成后宜对桩周地温进行监测，待桩周地基土回冻后方可加载。

12.8.4 桩基施工完后应进行超声波无损检测和桩基钻芯法检测。超声波无损检测的频率宜为100%；桩基钻芯法检测的频率宜为3%，采用超声波无损检测发现有缺陷的桩基础应进行钻芯检测。

12.9 墩台

12.9.1 当桥涵基础为桩基础时，墩台身施工宜在桩侧土体回冻后进行。

12.9.2 墩台身混凝土应在整个截面内一次连续浇筑，雨雪天气施工应采取遮蔽措施，混凝土终凝前不得泡水。当采用覆盖保温时，模板外和混凝土表面覆盖的保温层应采用吸水性小的材料，不宜将保温材料直接铺盖在潮湿的混凝土表面。

12.9.3 存放构件的场地应平整坚实，并设防排水设施。应采取措施，防止冻胀、融沉造成构件损坏。

12.9.4 墩台柱吊入基杯内就位时，应在柱四周采取加固措施，确保柱身竖直度及平面位置满足设计要求；浇筑接头混凝土时，应采取密封防水措施，严防拼接接头进水。

12.9.5 寒季安装墩台柱和帽梁应考虑温差影响，宜在阳光照射时进行校正。各构件固定支撑校正后应立即固定。

12.9.6 柱身与墩顶安装完成并检查满足设计要求后，基杯空隙与帽梁槽缘处可采取浇筑砂浆等措施进行密封防水处理，严防拼接接头进水，待砂浆硬化后可拆除支撑。

12.10 涵洞

12.10.1 钢筋混凝土拼装式涵洞管节宜在预制构件场集中预制。

12.10.2 位于径流量大、径流期长的地段，高含冰量冻土及不良冻土地段的涵洞明挖基础的基坑开挖，应符合本规范第12.4.1条的规定。

12.10.3 拼装式涵洞管节拼装应根据预制管节的重量选择适宜的起重机械，管节安装应位置准确、基础稳固。应根据设计要求同步设置完成沉降缝，沉降缝内应填充具有防水、防冻胀性能的填料。应加强沉降缝的防水处理。

12.10.4 预制涵洞基础宜整体预制，当重量不宜起吊时，宜按沉降缝的设置长度和最大起重量，确定基础预制长度；基础可分层预制，且层与层之间的接缝宜采用防冻快凝砂浆，并应充填密实。

12.10.5 现浇涵洞基础应在基底设置隔热层，按沉降缝设置长度，分段开挖，分段分层浇筑。

12.10.6 波纹钢管涵进行基坑开挖前，应完成涵身管节及洞口主体部件和基础材料备料等工作，并经检验合格。

12.10.7 波纹钢管管节应连接紧密，接缝及栓孔不应漏水。

12.10.8 波纹钢管涵基础材料应采用一定级配的天然砂砾，最大粒径不应超过50mm，0.075mm以下粉黏粒含量不得超过5%；采用压实机械分层碾压密实，压实度不应小于85%。

12.10.9 涵洞基础侧面应回填粉黏粒含量不大于8%的砂砾土，并分层夯实，压实质量标准与相同高度处路基一致。

12.10.10 涵洞进出口与河床接头处宜设置双层浆（干）砌片石铺砌，防止冲刷。铺砌应结合涵洞地基进行保温处理，铺砌下宜加设保温层。

12.10.11 波纹钢管涵宜采用反开槽法施工，开挖槽宽应满足设计要求，方便管侧填土夯填。

12.10.12 涵洞基底及两侧非冻胀性砂砾石土换填厚度应不小于0.3m；对于高含冰量冻土等不良冻土地基，涵洞基底宜设置XPS（挤塑聚苯乙烯保温板）保温层，厚度宜为5~10cm，保温层宽度应与基础宽度一致。

12.10.13 径流量大、径流期长的河沟，地表沼泽化地段，高温冻土及高含冰量冻土等不良地段的涵洞基础，宜在寒季快速施工。

12.11 梁板预制与安装

12.11.1 制梁台座宜设置在融区或低含冰量多年冻土区，采用钢筋混凝土结构，台座的基础类型应根据冻土地基条件、使用时间和冻土处治所采用的设计原则选定。先张法制梁台座在构造上应满足张拉、浇筑等工艺的要求；应进行张拉各阶段的强度和稳定性验算。梁板预制混凝土拌和宜采用自动计量拌和站，混凝土宜采用输送泵或混凝土输送车运输。

12.11.2 制梁宜选择在暖季施工。寒季施工时宜采用蒸汽养生，配备的蒸汽锅炉和养护罩等设备应满足施工要求。

12.11.3 拆除侧模和端模，应在梁体混凝土强度达到设计强度的50%，混凝土表面温度与环境温度之差不大于15℃，且能保证构件棱角完整的情况下进行。

12.11.4 预应力钢筋管道压浆过程中及压浆后48h内，结构混凝土的温度不得低于5℃。

12.11.5 在室外进行封锚混凝土施工时，应采取加强梁端的保温养护措施，直至新浇混凝土或水泥砂浆抗压强度达到设计强度的75%。

12.11.6 架梁在暖季施工时，应合理确定施工组织方案。按保护冻土原则设计的桩基础，应在地基回冻后再架梁。

12.11.7 架梁在寒季施工时，应考虑高原缺氧、严寒、气压低、风沙大对架梁设备动力、结构、启动的可靠性及施工稳定性的影响。

12.11.8 架桥机拼接时间应根据工期、季节、工序进度统筹规划，落梁安装支座和焊接联结板宜在暖季施工。

12.11.9 必须在严寒天气进行联结板焊接时，应采取低温条件下的焊接工艺。脚手架应有防冻防滑设备，保证施工人员安全。

12.12 桥涵拼装结构接头施工

12.12.1 拼装式构件接头宜选择在暖季施工，寒季施工应针对混凝土体积小、表面系数大、配筋密等特点，采取密封防水、防冻保温等相应措施。

12.12.2 焊接和浇筑接头混凝土，应在构件安装就位，并经过校正位置准确后施工。

12.12.3 拼装式结构中承受内力的接头和接缝，混凝土强度等级宜比构件混凝土强度等级提高两级；不承受内力的接缝宜采用混凝土或水泥砂浆浇筑，其强度不应低于结构构件混凝土强度。接头或接缝的混凝土或水泥砂浆，必须捣实浇筑，并宜采取早强和微膨胀措施。

12.12.4 采用湿法连接构件接头时，预埋构件可采用间隔流水焊或分层流水焊方法连接。浇筑混凝土或砂浆前，应将结合处的表面加热到正温，并在养生过程中保持适当温度。承受内力的接头混凝土，无抗冻设计要求时，其养生结束时的强度应不低于设计强度的75%。

12.13 防水层及沉降缝

12.13.1 防水层及沉降缝宜在暖季施工，寒季施工时应根据使用的材料确定控制施工气温的界限，宜选择无风晴朗天气施工，可利用日照条件提高面层温度。施工期间，宜在迎风面设置活动的挡风装置。

12.13.2 防水层的垫层应牢固坚实，表面无凹凸、起砂、起鼓、油污现象，积雪、残留冰霜和杂物等应清扫干净。铺设防水层前，垫层表面应平整、干燥。

12.13.3 垫层施工的环境温度不得低于 –5℃，低于 –5℃ 时应按寒季施工处理。

12.13.4 防水层施工采用的涂料、玻璃丝布、合成纤维布或无纺布等材料应满足当地寒季气温条件对材料的要求，涂料与胎体材料应有足够的黏结力。

12.13.5 热沥青防水层施工采用的沥青，应根据现场温度条件进行改性处理。

12.13.6 沉降缝施工应采用适应当地气候、水文地质特点的防水、防冻材料。

12.14 附属工程

12.14.1 高含冰量冻土地段的桥涵附属工程施工应满足快速施工、减少基坑暴露时间的要求，所挖的沟床应按设计要求铺砌保温层。

12.14.2 桥涵台背及桥台锥体应填筑卵砾石土或碎砾石土，并分层填筑，分层压实，压实标准与路基相同。

12.14.3 桥台锥体坡面混凝土预制块铺砌应满足设计要求，并按设计在铺砌面上设泄水孔，锥体基础开挖应符合本规范第 12.4 节的有关规定。

12.14.4 小桥下及涵洞进出口铺砌宜进行保温处理；当为冻胀土时，应采用砌筑块石或混凝土预制块铺砌，厚度及长度应满足设计要求；铺砌以外的水沟应与天然水沟顺接。

12.14.5 导流工程基础应分层填筑、压实，其位置、高度、长度及填料应满足设计要求，坡面可采用回填基坑开挖时移出的草皮或砌筑混凝土预制块铺砌；基础开挖应符合本规范第 12.4 节的有关规定。

12.14.6 桥涵附属工程施工完成后应及时清理施工垃圾，确保桥涵的排水畅通。

13 隧道施工

13.1 一般规定

13.1.1 应结合冻土类型、地质条件、环境温度等条件，核对设计文件，编制实施性施工组织设计及专项施工方案与冻土保护方案。

13.1.2 隧道施工应控制隧道内环境温度，洞内温度宜控制在 $-5\sim10$℃。

条文说明

多年冻土隧道洞内温度过高不利于冻土围岩稳定，温度过低不利于衬砌混凝土强度的形成，因此，为保护冻土围岩，控制冻土围岩融化范围，也利于洞内混凝土作业，需采取措施控制洞内环境温度，围岩开挖作业需以保持原有低温为主，减少冻结层融化，在混凝土施工时适当提高温度，利于混凝土强度的生成。

13.1.3 应做好施工设备选型及配套，选择适应低温工作环境且散热量少的施工机具，采用机械化施工。

13.1.4 混凝土施工中应采取保温措施；采用硅酸盐水泥或普通硅酸盐水泥配制的混凝土，未达到设计强度的30%时不得受冻，对有抗渗要求的混凝土，未达到设计强度的60%时不得受冻。

13.1.5 宜进行地温、气温观测，以及冻胀力、融化圈监测，高海拔多年冻土地区隧道应抽样检测隧道内氧气含量及有害气体、粉尘含量。

13.1.6 应根据揭示冻土类型及监控量测结果优化支护参数、施工方法，实施动态管理。

13.2 洞口及洞门

13.2.1 洞口宜在冬季或冻土未融化前施工；当条件受限在暖季施工时，应做好洞口防晒遮阳及隔热、降温措施，宜在夜间施工，并缩短暴露时间。

条文说明

洞口开挖改变了冻土所处环境，当太阳照射、温度升高时，冻土融化，会导致热融滑塌等问题，故提出采取设置遮阳棚、防晒网等遮阳措施或在夜间温度较低时段施工。

13.2.2 洞口排水系统应在开挖前施工，并符合下列规定：
1 应对影响隧道施工和运营的地表水、地下水进行处理，洞顶应整平，地表不得积水，防止地表水及冻结层上水渗入隧道内。
2 洞口排水设施施工应控制开挖范围，尽量减少对原地面的破坏与扰动。
3 应按设计要求施作洞外保温排水盲沟、挡水埝，排水盲沟出口应设跌水，并做好保温措施。

13.2.3 高含冰地层浅埋段需设置热棒时，应按设计要求提前安装，并符合本规范第10.9节的规定。

13.2.4 洞口边仰坡开挖应符合下列规定：
1 严禁大开挖，避免大范围扰动冻土。
2 多年冻土段宜采用机械开挖，当采用机械无法施工时可采用爆破开挖。
3 应分段、分层开挖，随挖随护，分段长度宜为3~5m，每层深度宜为1~1.5m。
4 采用爆破开挖时，宜使用抗冻防水性能好的炸药，应采取预留光爆层、间隔装药、减少同段起爆药量等措施。
5 边仰坡坡面应按设计采取换填、喷射隔热保温层、片块石护坡等措施，防止洞口边仰坡出现热融滑塌。
6 遮阳设施宜选用双层遮阳网或遮阳棚，其设置范围应覆盖开挖区域，其高度应满足机械设备施工所需空间。
7 应按设计做好基底处理，基底高程及坡率应满足设计要求。

13.2.5 明洞及洞门基底开挖后，应核查基底冻土类型，高含冰量冻土地段应进行全部或部分挖除换填，基底不得积水；回填粗颗粒土应分层压实，不得使用冻土回填，并按设计要求铺设隔热保温层。

13.2.6 明洞及洞门墙混凝土应采用低温、早强混凝土，施工时应保持混凝土入模及养护温度，寒季施工可搭设保温棚。

13.2.7 明洞衬砌完成后应及时做好防水层、隔热保温层，并采用粗颗粒土回填，明暗衔接处应设置变形缝，并做好防水处理。

13.2.8 开挖进洞前应完成套拱、管棚等设计要求的辅助工程施工，超前管棚宜采用跟管钻进，防止热融塌孔及回冻缩孔，套拱基底应按设计要求进行处理。

13.2.9 存在积雪危害的洞口应采取防积雪掩埋的措施。

条文说明

在积雪危害的洞口，根据洞口地形、积雪堆积程度，可以设防雪墙、防雪棚等防积雪掩埋的措施，以防止溜冰、冰雪垮塌或风吹雪掩埋洞口，影响正常施工。

13.3 洞身开挖

13.3.1 洞身开挖宜在明洞、洞门工程完成后进行。

13.3.2 应根据冻土类型、环境温度、地质条件确定洞身开挖方法；应严格控制开挖进尺和爆破振动。

13.3.3 通过沟谷浅埋段、断层等易发生失稳、坍塌等地段时，应采取预加固措施，先加固后开挖。

13.3.4 洞身开挖应符合下列规定：
1 冻土段宜采用机械开挖，上台阶开挖每循环进尺不宜超过 2 榀拱架间距，下台阶不宜超过 3 榀拱架间距。
2 冻岩段宜采用钻爆法开挖，应控制爆破振动和开挖进尺，凿岩作业应严格控制用水量。
3 开挖后应及时封闭暴露面，减少冻土（岩）与洞内环境的热交换，各工序应紧跟，控制围岩表层融化范围。
4 应严格控制开挖轮廓形状，超挖部分应采用同级混凝土回填。
5 隧道贯通面应避开高含冰冻土段、冻土浅埋段。

13.3.5 施工中应尽量减少混凝土施工时产热量与施工机械散热量，控制围岩融化圈。

13.4 支护与衬砌

13.4.1 洞身开挖后应及时施作支护结构，封闭成环，控制围岩融化及变形。

13.4.2 喷射混凝土宜采用湿喷工艺，高含冰量冻土可采用潮喷工艺，宜采用机械手喷射，机械手应具备低温启动、自动加热等功能。

13.4.3 喷射混凝土作业区的气温不宜低于5℃，搅拌时间宜为3min，应保证拌合物的均匀性、坍落度。暖季施工进喷射机时混凝土的温度宜为8～12℃，寒季施工进喷射机时混凝土的温度宜为5～10℃。

13.4.4 模筑支护施工应符合下列规定：
1 第一层模筑支护施工应短进尺开挖，掉落冻土碎块应清除，并及时浇筑。
2 第二层模筑支护宜在第一层模筑支护完成后施作，一次施作长度不宜超过5m。

13.4.5 多年冻土地区模筑衬砌施工应符合下列规定：
1 应开展混凝土配合比试验，保证混凝土水化热温升小、产生热量少，在规定时间内达到受冻临界抗度。
2 应加强温度监控，采取措施保证混凝土浇筑所需温度条件。
3 水泥、矿物掺合料、外加剂等应在使用前运入暖棚进行预热，不得直接加热，在正温条件下使用。
4 混凝土拌和楼和料仓应设置在保温棚内，混凝土拌和温度不宜高于30℃，出机温度不宜低于10℃，入模温度应控制在5～15℃。
5 相邻接触面温度在-5℃以下时应采取措施加热接触面，在-5℃以上时可不加热，但应提高入模温度并加强覆盖保温。
6 混凝土运输罐应有保温措施，运至现场后应及时泵送入模。
7 衬砌混凝土应两侧对称、连续、分层浇筑，自由倾落高度不得超过2m，振捣密实。
8 混凝土拆模后应立即养护并做好防冻保温措施。

13.4.6 当洞外温度低于-15℃时，可在洞口设置门帘，使洞内温度满足施工要求。

13.5 防水与排水

13.5.1 防排水材料应进行检测，应满足低温耐久性要求，不得使用有毒、污染环境的材料。

13.5.2 支护与围岩面之间空隙应及时注浆充填，在支护混凝土达到设计强度后进行，注浆压力不应大于0.1MPa。

13.5.3 二次衬砌防水层及排水管施工应符合下列规定：

1 施工前应检查支护基面，对渗漏水点和不平整处进行处理。

2 应按设计要求施作土工布、防水板、止水带、止水条等防水设施，以及环、纵向排水管等排水设施。

3 防水板、隔热保温层应与基面密贴，严禁存在积水空间。

4 纵向排水管不得侵占二次衬砌空间，纵、横向排水管应连接可靠，包裹保温材料应无破损。

13.5.4 保温水沟沟槽宽度、深度及坡度应满足设计要求；盖板安放前应清除水沟内杂物、泥砂；应在上下两层盖板之间填充保温材料，保温材料应采取防潮措施。

13.5.5 深埋中心水沟施工应符合下列规定：

1 中心水沟宜采用机械开挖，采用爆破开挖时应采用控制爆破。

2 采用预制圆管水沟时，应施作混凝土基座，安放平稳、顺直、接缝紧密。采用预制水沟时，沟槽底应采用C20砂浆找平，安放平稳。

3 回填材料应满足保温、透水性要求，分层回填；回填材料顶面宜铺设隔离层，防止混凝土浆液下渗。

4 排水沟内泥砂、杂物等应及时清理，不得淤积在水沟内。

5 中心水沟需作为施工期间排水通道时，进水口应设格栅遮挡，施工完成后应进行冲洗、疏通。

13.5.6 泄水洞施工应符合下列规定：

1 宜先于主洞施工，并选在寒季开挖进洞。

2 宜采用全断面开挖；应快挖、控温、快封闭，减少暴露时间。

3 应按设计要求做泄水孔、横向导洞、检查井，泄水孔出现塌孔时宜在钻孔内放置塑料花管。

4 交叉口及不良地质段宜及时完成模筑衬砌。

13.5.7 施工废水不得漫流和积水，宜考虑必要的保温、防冻措施；应做到水沟不渗漏、水流不冻结。

13.6 隔热保温层

13.6.1 隔热保温层施工前应进行材料、工艺及效果试验，其各项指标应满足设计要求。

13.6.2 设置在支护与模筑衬砌之间的隔热保温层施工应符合下列规定：

1 应对支护表面进行处理，清除尖锐凸出物，打磨、平整错台和凹凸不平部位；

应做到支护背后无空洞、表面平顺、无渗漏水、无开裂现象。

2 铺设土工布、防水板，防水板应完整无破损，接缝防水可靠。

3 架立环形钢筋，将隔热保温板置于钢筋与防水板之间，保温板应错缝拼接，接缝应采用发泡胶充填紧密。

4 铺设第二层防水板，防水层、隔热保温层应与基面密贴、无空鼓、整体平整，严禁存在积水空间。

13.6.3 设置在二次衬砌内表面的隔热保温层施工应符合下列规定：

1 铺挂前应对基面进行检查，基面应平整、不得有渗漏点，且衬砌结构质量应满足检评标准要求。

2 定位放线，自下而上安装龙骨，安装偏差不应超过5mm；膨胀螺栓、U形构件与二次衬砌应连接牢固，固定件不得松动。

3 铺设隔热保温板，接缝缝隙应采用发泡胶充填紧密。

4 安装防火板，防火板与保温层应密贴并与龙骨连接固定，板与板之间接缝及两端部应密封且表面平整。

5 表面保温层、防火板应与基面连接牢固，不得从基面上脱落、开裂。

13.6.4 隔热保温材料存放及使用期间，应做好防水、防潮及防火工作；施工现场应配备消防器材，且不得堆放可燃材料。

13.7 通风、防尘、水电供应与职业健康

13.7.1 施工通风应考虑高寒及高海拔地区低气压、氧气含量低等因素，满足洞内作业时所需风量；应成立专门的通风班组。

13.7.2 多年冻土地区隧道独头掘进超过3 000m时，宜采用有轨运输方式。

13.7.3 施工机械应满足防寒及低温启动要求，装渣运输宜优先选用电动、风动机械，高海拔多年冻土地区隧道风动机具宜进行适应性改造。

13.7.4 隧道除尘宜选择机械除尘方式，不得选用喷雾、洒水等方式。

13.7.5 施工用供水设施宜布设在洞内，通过增压泵、高压风等加压措施进行供水，供水管道应采取防冻措施。

13.7.6 隧道供电量应考虑供暖、供氧设备的用电。

13.7.7 洞内施工环境、粉尘浓度、空气中氧气含量、有毒物质浓度应符合现行《公路隧道施工技术规范》（JTG/T 3660）的有关规定。

13.7.8 高海拔多年冻土地区隧道施工的劳动卫生保障措施除应符合国家相关规定外，尚应符合下列规定：

1 应建立完整的后勤保障体系，保障生产和生活物资供应，并有一定储备。
2 工地应设置卫生医疗室，宜建立作业人员健康档案，并定期检查身体。
3 洞内施工作业时间不应超过6h，施工人员配置应有一定富余。
4 宜采用机械化施工；体力劳动强度保持在中等强度以下，若必须从事高强度体力劳动，应缩短一次持续作业时间。
5 洞内宜采用移动氧吧，结合个人配置单体便携式供氧设备供氧，生活区、办公区可采用弥散式供氧。

14 生态保护与景观

14.1 一般规定

14.1.1 多年冻土地区公路应遵循保护优先、预防为主、防治结合、综合治理的原则，进行生态保护及修复设计，最小程度扰动、最大限度保护多年冻土生态环境。

14.1.2 多年冻土地区公路应采取有效措施保护或充分利用地表植被、表土资源。

14.1.3 多年冻土地区公路工程设计及施工方案对多年冻土有影响时，宜进行多方案的比选，选用对多年冻土扰动较小的方案。

14.1.4 多年冻土地区公路环境保护设施应因地制宜、技术可行、经济合理，可根据交通量增长情况分期实施。

条文说明

因为多年冻土地区一般交通量较小，所以环境保护设施可根据交通量增长情况进行科学布设，采用分期实施的方案。

14.1.5 多年冻土地区公路施工应制订相应的环境保护方案，落实环境保护设计的工程内容，并根据需要采取临时环境保护措施，重点加强施工扬尘、水土流失的预防和处理，以及对植被和珍稀野生动物的保护。

14.1.6 多年冻土地区公路改扩建时，应对原有工程的环境保护设施及改扩建过程中可能引发的环境保护问题进行评价，并提出相应对策。应对旧路面和防护工程等拆除废料进行处理，宜加强回收利用，减少废弃，节约资源，保护环境。

14.1.7 多年冻土地区公路建设可充分利用独特的区域社会环境和原有的自然生态景观及资源，景观建植应与周围的自然生态景观相协调，避免过度设计、过度造景。

14.2 冻土环境保护

14.2.1 多年冻土地区公路施工应采取有效措施，加强公路两侧地表和路基边坡地表植被的保护，保存表土，保护现有天然林、人工林及草地，加强对多年冻土发育环境的保护，并应符合下列规定：

1 宜控制扰动面积，减少对草地及地表结皮的破坏，保护现有植被和表土，预防土地沙化。

2 需要剥离高原草甸（或天然草皮）的，应妥善保存，尽量移植利用。

条文说明

多年冻土地区地表植被资源和表土资源均是长期形成的难以恢复的自然资源。研究表明，地表植被对保护冻土的作用明显，而土壤荒漠化或地表积水等均对冻土环境保护不利，同时，表土是地表植被赖以生存的物质基础，因此，多年冻土地区公路建设需加强地表植被和表土的保护与利用。

14.2.2 多年冻土地区公路设计与施工宜采取有效措施，减少水对多年冻土的影响，并符合下列规定：

1 宜采取设置坡面径流排导和路侧排水工程等措施，减少坡面和路侧水渗流对多年冻土的影响。

2 公路经过温泉或其他地下水丰富路段时，宜加强侧向排水和防渗措施，减少水体储热对多年冻土的干扰。

3 宜回填整平公路两侧存在的地表洼地，排除积水，并形成向外的横坡，减少或避免地面径流流向路基。横坡坡度不宜小于2%。

4 在雨季进行路基挖方施工时，宜采取保护覆盖措施，加强临时排水，减少降雨对多年冻土的干扰。

14.2.3 多年冻土地区构造物基础施工应合理组织施工工序，加快施工进度，采取覆盖保护等措施，减少裸露时间，减少热量干扰。构造物基础宜采用低水化热的水泥。

14.2.4 多年冻土地区公路通过湿地时，宜采取有效措施对湿地进行保护。

14.3 动植物保护

14.3.1 当多年冻土地区公路建设对需保护的野生动物、野生植物产生影响时，宜提出保护方案。

14.3.2 重点保护野生动物出没的路段宜设置预告、禁止鸣笛等标志，可设置动物通道及诱导措施，并应符合下列规定：

1 公路选线应在调查可能受到影响的物种类别及习性的基础上，避让野生动物迁徙通道；无法避让的，应当采取修建野生动物通道等措施，消除或减少对野生动物的不利影响。

2 野生动物通道的设计应根据受影响物种开展设计，通过对受影响物种栖息地评价，物种习性、移动路线和分布密度等调查分析，合理选定动物通道设置的位置、数量及结构形式。

3 应充分利用天然的植被、地貌和水系，并辅以人工诱导措施来营造诱导生境，以引导受影响物种靠近、利用和适应动物通道或过鱼设施。

4 多年冻土地区公路施工期间，宜明确并落实各类野生动物的保护措施。施工阶段应合理安排工期，减少对动物迁徙的干扰。

14.3.3 多年冻土地区公路建设应注重对表土、表层草皮30～50cm进行剥离并集中堆放，施工期间采取定期养护措施，施工结束后回填至边坡或取土场、弃土场等扰动场地。

14.3.4 多年冻土地区公路通过天然林地时，应严格控制林木砍伐量，对可移植或不影响行车安全的林木应加以保护。

14.4 水土保持

14.4.1 多年冻土地区取土场、弃土场使用完毕后，具备植被生长条件时宜在其上种植适宜的植物，并符合下列规定：
1 取土完毕宜整平取土坑、回填表土，种植适宜的植物。
2 弃土、弃石结束后，宜及时进行绿化或复垦。
3 恢复植被宜选择水土保持效益明显的乡土植物、耐寒植物。

14.4.2 多年冻土地区公路弃土场应根据需要设置拦挡设施，先挡后弃；在保证渣体稳定的前提下支挡工程宜采用柔性防护，减少工程的冻融病害。

14.4.3 多年冻土地区取土场、取料场、弃土场及周围宜设置完善的排水系统，并应符合下列规定：
1 取土、取料形成的边坡宜根据边坡高度、岩土条件、环境条件、气象因素等，采取有效的截、排水措施。
2 位于沟谷、坡地的弃土场，周边有汇流条件时，宜采取截、排水措施，利用地形和天然水系将水流引出。应做好出口位置的选择和处理，防止出现堵塞、溢流、淤积、冲刷和冻结。

3 拦截山坡或边坡上流向弃土场的水的截水沟应设置在弃土场 5m 以外，截水沟、弃土场汇集的水可用排水沟引出。

4 排水沟与原有沟渠应顺畅连接，易受水流冲刷的排水沟宜根据需要采取防护、加固措施。

14.4.4 临时占地，具有复垦条件时应进行复垦利用。

14.5 景观绿化

14.5.1 多年冻土地区公路景观绿化应因地制宜，避免过度设计。青藏高原高海拔多年冻土地区坚持宜草则草、宜荒则荒的原则，东北高纬度多年冻土地区坚持宜林则林、宜草则草的原则。

14.5.2 多年冻土地区公路绿化、植被恢复等采用的植物种类不应侵占原生态种群系统。植物种类应选择区域内广泛分布的乡土植物和经过长期驯化已适应本地气候的适生物种。

14.5.3 多年冻土地区公路边坡绿化在保证边坡稳定和安全的前提下，应符合下列规定：

1 应根据边坡坡度、坡面土质等因素，选择根系发达、土壤加固作用强、抗逆性强的种类。

2 施工技术应根据项目特点及地区要求，选用经济合理、工艺成熟，并能充分利用当地资源的技术。

14.5.4 多年冻土地区公路施工扰动地段植被应采取措施予以恢复。

14.5.5 景观绿化施工时应符合下列规定：
1 景观绿化施工宜对公路用地范围内原生植被、珍稀植物及有特殊意义的植物进行保护。
2 景观绿化施工过程中应严格按施工工艺流程施工。
3 绿化施工应严格按设计要求（苗木要求、栽植深度、土壤要求）施工，保证成活率。

本规范用词用语说明

1 本规范执行严格程度的用词，采用下列写法：

1）表示很严格，非这样做不可的用词，正面词采用"必须"，反面词采用"严禁"；

2）表示严格，在正常情况下均应这样做的用词，正面词采用"应"，反面词采用"不应"或"不得"；

3）表示允许稍有选择，在条件许可时首先应这样做的用词，正面词采用"宜"，反面词采用"不宜"；

4）表示有选择，在一定条件下可以这样做的用词，采用"可"。

2 引用标准的用语采用下列写法：

1）在标准总则中表述与相关标准的关系时，采用"除应符合本规范的规定外，尚应符合国家和行业现行有关标准的规定"。

2）在标准条文及其他规定中，当引用的标准为国家标准和行业标准时，表述为"应符合《××××××》（×××）的有关规定"。

3）当引用本标准中的其他规定时，表述为"应符合本规范第×章的有关规定"、"应符合本规范第×.×节的有关规定"、"应符合本规范第×.×.×条的有关规定"或"应按本规范第×.×.×条的有关规定执行"。